RETOS DEL PERIODISMO

Cuba y Exilio

Memorias 1959-2008

COLECCIÓN CUBA Y SUS JUECES

EDICIONES UNIVERSAL, Miami, Florida, 2008 & 2024

Alberto Muller

RETOS DEL PERIODISMO

Cuba y Exilio

Memorias 1959-2008

Fidel, sí se tortura en Cuba / Admiracion por el Che /
Origen Ideológico de la Revolución Cubana /
La ética y los despidos del *Herald*
Martí: una vida sin acabamiento

Al cumplir 20 años como columnista del *Diario Las Américas*
1988-2008

Copyright © 2008 by Alberto Müller

Primera edición, 2008
Reedición, 2024

EDICIONES UNIVERSAL
P.O. Box 450353 (Shenandoah Station)
Miami, FL 33245-0353. USA

e-mail: ediciones@ediciones.com
http://www.ediciones.com

Library of Congress Catalog Card No.: 2008904761
ISBN-10: 1-59388-135-5
ISBN-13: 978-1-59388-135-1

Composición de textos: María C. Salvat Olson

Diseño de la cubierta: Luis García Fresquet

Todos los derechos
son reservados. Ninguna parte de
este libro puede ser reproducida o transmitida
en ninguna forma o por ningún medio electrónico o mecánico,
incluyendo fotocopiadoras, grabadoras o sistemas computarizados,
sin el permiso por escrito del autor, excepto en el caso de
breves citas incorporadas en artículos críticos o en
revistas. Para obtener información diríjase a
Ediciones Universal.

ÍNDICE

PRÓLOGO, Helen Aguirre Ferré 15

I   CUBA
Fidel, sí se tortura en Cuba 19
Admiración por el Che 23
Las flores en el Parque Central 27
Cuba más allá del marxismo 30
Jesús Díaz, la ética y los despidos del Herald 33
La autocrítica del *Herald* 37
El Memorial Cubano 41
El Remolcador 44
Las Damas de Blanco y el Premio Sajarov 47
La CIA devela sus papeles viejos 50
El síndrome de la dependencia 54
Cuba no se libera en Miami 57
La injusticia de Mariel 59
Havel propone a Payá para el Premio Nobel de la Paz 62
Rafael Correa ofende a los cubanos 64
Carta a los de Cuba 68

II   PERSONALIDADES
José Antonio Echeverría: estampas 73
Oswaldo Payá recibe Premio Sajarov 75
Raquel Lavilla, heroína de tormentas y de sueños 77
Pastor González: amigo y maestro 79
El Che murió a su manera 82
Don Carlos Márquez Sterling 86
Mario Chanes y sus 30 años de prisión 89
Oscar Elías Biscet 91
En memoria de Oswaldo Ramírez 94
Amigo Virgilio 96
José Ignacio Rasco 98
Luis Mayato, general de todas las estrellas 101
Reflexiones sobre mi hermano fallecido 103

Francisco: integridad y cubanía. 106
Silencio por Enrique Baloyra 110
Conversando con Yoani, Premio Ortega y Gasset 112

III CULTURA – HISTORIA

PERFILES
Henry Cartier: el ojo del siglo XX 119
Homenaje al maestro Arenas Betancourt 122
A 100 años de Wifredo Lam 125
Una tarde con Rodin 128
Rene Portocarrero: pintor de esperanzas. 131
Carlos Enriquez, surrealista y avasallador. 134
Muere Susan Sontang 136
Tributo a Alberto Camus 139
La novelística de Onetti. 141
Enrique Ros, referencia obligada 143
Mahatma Gandhi. 146

NARRATIVA
Informe contra mí mismo 151
El arte del siglo XXI 153
A Cuban Love Story 155
Soldados de Salamina 158
Saramago rompe con Fidel 160
Parque Juan Ramón Jiménez 163
Seis días de noviembre 166

CINE
El Séptimo Arte 171
Y el Azúcar se hizo amarga. 174
Muere el creador de Fresa y Chocolate 176
La Vita e Bella 178

MÚSICA Y POESÍA
Serafina Núñez: mujer de madrugada 183
Muere Rafael Alberti. 186
En memoria de Pablo Neruda 188
Adiós a Lily Batet 191
Fuera de Juego. 193
Poeta católico obtiene Premio Nobel 195
Poemario de Manuel Villanueva. 197

IV SOCIEDAD, ECONOMÍA Y POLÍTICA
Momento cumbre del periodismo 203
Terrorismo herencia del del siglo XX. 205
El Sida: un mundo sin luz 208
De Huelva vienen seis 211
Proyecto de Cuba Study Group 213
Los ilegales son seres humanos. 216
Cincuentenario *Diario Las Américas* 219

V RELIGIÓN
A su Excelencia el Cardenal Bertone 225
Hablemos de la Iglesia Católica 229
Juan Pablo: el Hombre del Año 232
Benedicto XVI: un pontífice de la paz 234
El rinoceronte del Padre Travieso 237
La enseñanza de los Amish. 240
Las niñas en el altar 243
Perdón a los hermanos mayores 246
El Padre Llorente: 50 años de sacerdocio 248
A 100 años del Papa obrero 251
La locura de Dios 254
80 años de la Acción Católica Cubana 257

VI REPORTAJES
Aniversario 150 de las Escuelas Pías en Cuba 263
Cardenal de Boston en el 75 Aniversario de la ACU 267

VII CONFERENCIAS
José Martí: una vida sin acabamiento 273
Origen ideológico de la revolución cubana 278
Cuba y el Siglo XXI 284
Monólogo con Yolanda 287
Libertad de prensa en Estados Unidos 291

EPÍLOGO
Alberto Muller: una vida al servicio de la libertad,
    Carlos Alberto Montaner 299

Al cumplir 20 años como columnista del *Diario Las Américas*
1988-2008

Director del periódico *Trinchera* en la Universidad de La Habana
1959-1960

Profesor de Periodismo: Ética y leyes (KBK709) en el Koubek Center
de la Universidad de Miami 2004-2008

Articulista de *El Universal* de Caracas

Articulista de *El Nuevo Herald*

Articulista de *El Nuevo Día*, Puerto Rico

Amenazado de muerte por publicar el artículo,
«Lo lamento por Mahoma»

Dedicatoria:

A Juan Manuel Salvat, Yara Borges, Teresita Valdés Hurtado, Ady Viera, Reinaldo Ramos, Juanín Pereira (asesinado por el régimen de Fidel Castro), Mary Vega, Jorge Garrido, María Elena Diez, Ernesto Fernández-Travieso y todos los estudiantes que me acompañaron en esa jornada, con quienes comencé mi vida de periodista, como director del periódico universitario *Trinchera* en la Universidad de La Habana, quiero dedicar este libro que resume sueños, compromisos y una vocación que ha llenado mi vida de remembranzas plenas de riesgos y libertades, pero con una meta de servicio informativo.

Lamentable que el mensaje editorial de *Trinchera*, a favor de la genuina revolución y en contra del comunismo, haya molestado a un régimen castrista que tenía sus metas estalinistas muy bien definidas desde el principio de la gran traición al proceso revolucionario, que acababa de triunfar con fines democráticos, y por el cual hombres de la calidad humana de José Antonio Echeverría, Frank País, Menelao Mora, Javier Calvo, Julián Martínez Inclán y Fructuoso Rodríguez, entre tantos otros, habían ofrendados sus vidas.

Al año de la fundación de *Trinchera*, que tuvo una repercusión amplia durante los años de 1959 y 1960 en la vida de la Universidad de La Habana, Salvat y yo, conjuntamente con Ernesto Fernández Travieso, fuimos expulsados de la Universidad de La Habana por el simple hecho de criticar el rumbo comunista del régimen castrista.

Doloroso recuerdo para comenzar la vida periodística. Fuimos los pioneros de esa larga lista de expulsados de los predios universitarios, que todavía se engrosa con los que no se pliegan al voluntarismo comunista de un régimen opresor.

También dedico este libro a don Horacio Aguirre, a sus hijos Helen, Alejandro y Carmen María, a todo el staff del *Diario Las Américas* que confiaron en mi vocación y compromiso, una vez que dejé atrás los 15 años de un lacerante presidio político, y me permitieron ser parte de esa prestigiosa familia periodística.

A mi hermano Juan Antonio, guía moral de toda mi trayectoria pública, que me acercó tempranamente al periodismo, cuando fue designado administrador del periódico *Combate*, órgano oficial del Directorio 13 de Marzo, en los primeros días del triunfo de la revolución en 1959.

A mis maestros inolvidables del periodismo, Luis Aguilar León, Carlos Castañeda, Ángel Fernández Varela, José Ignacio Rasco, José Ignacio Rivero, Agustín Tamargo, Humberto Medrano, Joseph Pulitzer, Edward Murrow y Javier Darío Restrepo, que me enseñaron que la verdad del hecho que se informa o comenta, no es negociable en ninguna instancia, no importa el riesgo.

A mis alumnos de la asignatura «Periodismo, Ética y Leyes» en el Koubek Center de la Universidad de Miami y a todos los que aspiran a ser periodistas, como aliento para que vivan apegados a la credibilidad y al respeto por la libertad de expresión.

A los periodistas que han muerto o que permanecen encarcelados en Cuba y en el mundo por expresar sin temor el hecho cotidiano.

A mis fieles lectores que estimulan mi pasión por lo que ocurre.

A mi esposa Tensy a mis dos hijos, Ernesto y Yolanda, que renuevan mi confianza en el ser humano.

A Dios, por darme el instinto básico para interpretar y comunicar el acontecer humano.

Gracias a todos por la oportunidad maravillosa de estimular mi fe en el periodismo.

Comentario indiscreto del autor a sus alumnos:

El periodismo es como una luna de miel que no termina, porque te abrazas a él toda la vida con pasión de alcoba. Y todos los días renuevas ese impulso de fidelidad y de amor por el hecho que acontece.

También es un reto indiscutible, porque tenemos una obligación permanente con la libertad, que en algunos casos conlleva riesgos.

Desde la Universidad de La Habana en 1959, donde comencé esta larga jornada periodística, que se inició en el periódico *Trinchera*, hasta la Universidad de Miami impartiendo la clase «Ética y Leyes del Periodismo», pasando por mis veinte años como columnista del *Diario Las Américas*, la pasión se ha renovado con fervor y cotidianidad.

Puedo confesar que he crecido moralmente en el desarrollo de la libertad, que va implícita en la expresión periodística.

Ojalá ustedes, mis queridos alumnos, entiendan y vivan esta pasión por lo que ocurre, que sirve para informar a la comunidad de seres humanos.

Vivan y disfruten esta profesión con pasión de alcoba.

Amenaza de muerte

Producto de mi artículo «Lo lamento por Mahoma» recibí esta grosera nota de amenaza de muerte en la página web www.albertomuller.net

Comentario:

si te tuviera, tu sos hijo de Satanás te mataría a ti y a tu descendencia te como la carne sabes que no crees en dios sos un maldito negociador y diplomático marquetinero no tienes agallas para dejar tu foto en esta página puto retrasado mental juro que te quemarás en el infierno

Nuevo comentario en su entrada #59

«Lo lamentamos por Mahoma» Autor : abu bakr
(IP: 201.221.45.49 , r201-221-45-49.dialup.adsl. anteldata. net. uy)
E-mail:magneticonuclear@hotmail.c

URL: http://albertomullerquetecrees

Who is: http://ws.arin.net/cgi-bin/whois.pl?queryinput=201.221.45.49

PRÓLOGO

Vivir lejos de la patria es difícil; vivir en el exilio es doloroso. Por más que pase el tiempo, uno no se aleja de los complejos sentimientos y recuerdos que empapan el amanecer de cada día hasta que uno se acostumbra a esa sensación, llegando a pensar que todo ha quedado en el pasado cuando en verdad permea el subconsciente.

Esto queda claro en el magnífico libro del periodista y educador Alberto Muller que reúne algunos de sus artículos más importantes al cumplir veinte años como columnista de Diario Las Américas en la sede del exilio cubano, Miami, Florida. «Retos del Periodismo» es una recopilación de artículos y conferencias que confirman la alta ética periodística, fe inquebrantable y el compromiso con el proceso y valores democráticos de este valiente colega quien siempre dice «presente» cuando muchos se callan. Como ejemplo están los capítulos sobre Cuba, en particular, «La injusticia del Mariel» y «El síndrome de la Dependencia» así como «Cuba no se libera en Miami.»

Pero su pluma y análisis van más allá de la política. Su sensibilidad cultural es evidente en «En memoria de Pablo Neruda,» y «La novelística de Onetti», entre otros. Su sentido de patria y comunidad lo lleva a escribir «Enrique Ros, referencia obligada,» y «Adiós a Lily Batet» ambos, cada uno en su campo, figuras singulares del exilio.

Tambien es imposible ignorar la defensa que hace este importante articulista del derecho que tienen los periodistas honrados y libres de colaborar y trabajar para la defensa de Cuba a través de los medios de comunicación, particularmente en TV y Radio Marti como se puede ver en «Jesús Díaz, la ética y los despidos del Herald.»

Quizás entre los artículos más reveladores sobre la persona que es Alberto Muller esté su bella y cristiana defensa de los derechos humanos de los cubanos que viven atrapados por el sistema comunista de Cuba en «A su Excelencia el Cardenal Bertone» en donde discrepa con argumentos sólidos de la postura tomada por el jerarca católico sin llegar nunca a la ofensa, como periodista católico que es Muller.

La lectura de «El memorial cubano» causa una tremenda impresión por ser una visita inesperada a lo que representa el exilio cubano para las multitudes. Muller narra las emociones que le abrumaron en esos momentos; el recuerdo de los compañeros caídos en los comienzos de la sangrienta dictadura de los hermanos Castro en contra del pueblo, pero en particular, en contra de la juventud cubana. Esa juventud, de la cual él formó parte, que tanto tenía que ganar y que perder en la lucha por la cual muchos dieron sus vidas sin saber jamás los largos años que tomaría poder deshacerse de los que temen la fuerza de las voces libres e independientes.

Posiblemente, uno no esté de acuerdo con el enfoque de todos los artículos de Alberto Muller, que han honrado las páginas de Diario Las Américas, pero nadie puede dudar de la sensatez de los fuertes argumentos que presenta y de su buena fe y convicción como una de las voces más destacadas del periodismo profesional del exilio cubano en los Estados Unidos de América. Alberto Muller merece nuestra admiración, respeto y agradecimiento por una obra tan importante que nos deja ahora y para siempre dentro de una profesión, el periodismo, que es indispensable para una sociedad bien informada y libre.

Helen Aguirre Ferré
Directora, Páginas de Opinión
Diario Las Américas
Agosto, 2008

I
CUBA

FIDEL, SÍ SE TORTURA EN CUBA [1]

Me permito tratarte directamente y por tu edad avanzada y delicado estado de salud, dejo a un lado el protocolo de las jerarquías y el lenguaje agresivo del adversario. Envío copia de esta carta a Fidelito, tu hijo mayor, que sé que la va a apreciar, por el cariño mutuo que nos profesábamos en el barrio las dos familias, cuando él era un niño y yo iba saliendo de la adolescencia.

Preferiría no tener que comenzar esta carta en primera persona, pero el tema me obliga por la premura de presentar evidencias rápidas y directas. Así que comienzo con mi experiencia humana, de dolores imborrables, como testigo de excepción de que en Cuba sí se tortura.

Aún tengo en mi cuerpo y en mi mente las cicatrices de las torturas que recibí en las cárceles cubanas del régimen estalinista, impuestas por tu voluntad: unas recibidas en el campamento de Las Mercedes, en la Sierra Maestra; otras en la celdas de los condenados a muerte del Castillito en Santiago de Cuba; y las más visibles, las cicatrices de las heridas de bayonetas recibidas en el plan de trabajo forzado en la prisión de Isla de Pinos.

Te cuento, en mi primer día de prisión en el campamento de Las Mercedes, en horas de la medianoche, fui sacado de la barraca de los prisioneros políticos para ser sometido a un simulacro de fusilamiento.

Supongo que puedas imaginarte lo que es un simulacro de fusilamiento. Me pararon ante un grupo de soldados con armas largas que me apuntaban en un lugar apartado, bajo la amenaza de que sería fusilado inmediatamente, y los compañeros en el campamento, quedaban con la convicción de que sería ejecutado.

Así estuve varios minutos en espera de la muerte, entre fusileros, amenazas y ofensas a mi persona. Tenía entonces 21 años de edad.

---

[1] *Diario Las Américas*, 20 de junio de 2008.

Todo con la finalidad de amedrentarme y de quebrarme mentalmente, pero finalmente se escucharon unos disparos al aire y yo quedé con vida. Era un simple simulacro de fusilamiento.

La historia me hace pensar que este método despreciable deben haberlo aprendido tus represores de las enseñanzas de Stalin.

Unos días después, ya en las celdas de condenados a muerte del Castillito en Santiago de Cuba, era sacado a interrogatorios en horas de la madrugada, donde obligaban a los prisioneros a quitarse la ropa. Desnudo fui introducido en un cuarto frío, casi a nivel de congelación. El oficial con abrigo y el prisionero desnudo. La tortura del frío es destructiva por la sensación de desamparo.

También en las celdas de los condenados a muerte, de madrugada salían unos ratones grandes, que se unían al plan de atemorizar al prisionero. Por suerte con mi edad, entonces, no era friolento y finalmente entablé amistad con los ratones.

Inclusive tengo un poema dedicado «al ratón que me mordisqueó el pie izquierdo mientras esperaba la muerte». Se lo enviaré adjunto a Fidelito para que lo lea y así entienda con más claridad todo este drama muy triste de Cuba.

Salto al horror inconcebible del Plan de Trabajo Forzado en la prisión de Isla de Pinos, donde se impuso a los reclusos un humillante trabajo esclavo, matizado de torturas y de violencias inusitadas.

Aquello fue un abuso cruel, masivo y a mansalva contra toda la población penal. Golpes, pinchazos a punta de bayonetas y disparos indiscriminados. Miles de golpeados, cientos de heridos y doce reclusos asesinados en un período de tiempo de dos años.

En mi pierna derecha tengo visibles las dos cicatrices por heridas de bayonetas y mis espaldas todavía se sienten adoloridas por los cientos de golpes recibidos.

Pero el recuerdo más lacerante, debo confesarte que no son mis cicatrices ni el recuerdo de los golpes, sino haber sido testigo del asesinato, entre otros, del estudiante y amigo Ernesto Díaz Madruga, que a golpes de bayoneta le atravesaron el recto y los órganos interiores cercanos, y murió a las pocas horas. Moriré acordándome de todos estos prisioneros jóvenes torturados y asesinados. Me saltan a la mente los nombres de Diosdado Aquit, Paco Pico, Julio Tang, Pedro Luis Boitell, entre tantos.

Ahora me viene a la mente la tortura de la zanja de excrementos en Isla de Pinos. Esta tortura la padecí en dos ocasiones, junto a mi hermano Juan Antonio y Emilio Adolfo Rivero Caro.

Debo confesarte que nunca imaginé una tortura más cruel y soez. Nos empujaban a golpes de bayoneta dentro de la zanja, por donde corrían los excrementos de la prisión. Y los golpes llovían porque los carceleros pretendían que limpiáramos la zanja.

¡Te imaginas, limpiar una zanja de excrementos! Siempre salíamos de la zanja heridos en una mano, el brazo o la espalda, y por supuesto, molidos de golpes de bayonetas y llenos de salpicaduras de excrementos por todo el cuerpo.

Después, cuando llegábamos a la celdas de castigo, teníamos una tortura adicional, pues nos quitaban el agua.

Pero, aunque te sorprenda Fidel, hubo torturas mayores que las que relato personalmente. Tú debes saber de la tortura en la piscina de Villa Maristas, donde metían y todavía meten al prisionero con una capucha en la cabeza, para que sienta que se ahoga.

Y debes conocer la tortura salvaje de la «Gavetas», donde metían a seis o siete reclusos en una jaula de cuatro pies de ancho con seis pies de alto, con capacidad física para un ser humano. Los reclusos tenían que turnarse para dormir, y como la jaula no tenía letrina, las necesidades tenían que hacerlas dentro de la misma jaula.

Hay una tortura colectiva final, que no debo pasar por alto, cuando el presidio de Isla de Pinos fue dinamitado, para hacer reventar a todos los prisioneros de un solo golpe de TNT.

Supongo que ninguna de estas torturas o maltratos las recibiste en tu prisión de Isla de Pinos. Pero el tiempo periodístico no me da para proseguir. Durante los casi 50 años de existencia del comunismo en Cuba, todos estos maltratos y torturas se han mantenido.

Hoy a los oposicionistas y disidentes pacíficos los detienen y golpean en los carros policiales, como recientemente a Antúnez y a Fariñas.

A las Damas de Blanco, que pacíficamente intentaron llevarle una carta a tu hermano Raúl, pidiendo la libertad de sus familiares presos, las arrastraron por la Plaza de la Revolución. ¡Qué cobardía!

Obviamente sé, que te han molestado los acuerdos de la Unión Europea que ratifica la existencia de presos políticos y la falta de libertad de expresión y de reunión en Cuba. Sé que te vanaglorias de que en la Cuba revolucionaria, desde 1959, se han graduado maestros y médicos en cantidades grandes. Y que la atención médica es gratuita.

Todas esas gratuidades me alegran por el pueblo, aunque lamento ver a una Cuba dividida, con dos millones de exiliados, con un déficit de dos millones de viviendas, con el marabú (amargo y no comestible) siendo el sembrado más masivo de la agricultura, y lo peor Fidel, con una Cuba sin siembra de libertades y de esperanzas.

Debo concluir diciendo, que nunca he deseado el mal de nadie, por lo tanto, tampoco deseo tu mal. Sé que estás enfermo y que hablas con dificultad, pero no tengas duda de que en Cuba se ha torturado y reprimido al pueblo con los métodos más crueles y salvajes, aprendidos del estalinismo.

Tú lo sabes, pero no has tenido el valor de reconocerlo y de terminar con el régimen de terror implantado en la isla. La libertad no es autoritaria y tú de has enamorado del autoritarismo, que es brutal.

Tarde o temprano vendrá el ocaso de tu régimen estalinista, que se derrumbará con se derrumbaron la Unión Soviética y el Muro de Berlín en Alemania comunista.

Con torturas, con fusilamientos y con prisiones Fidel, no se construye un país civilizadamente, aunque haya médicos y maestros.

Con la esperanza de que en Cuba más nunca en su historia se torture a un ciudadano y que pronto la libertad reine entre todos los cubanos,

Se despide un viejo adversario.

Alberto Müller

ADMIRACIÓN POR EL CHE [2]

Mi estimado Carlos Manuel de Céspedes:

Leo con profunda preocupación tus palabras de admiración por el Che Guevara. Y con el respeto que me merece tu investidura sacerdotal católica, debo confesarte que a mi mente llegan algunos recuerdos que quiero compartir contigo.

La primera asociación a tu nota de admiración por el Che, me hizo recordar aquellas loas a Stalin, de algunos de los poetas y escritores de vanguardia de la primera mitad del siglo XX.

¿Te recuerdas de los versos de Neruda al camarada Stalin, que leídos hoy producen un estupor denigrante?

Hasta el propio Pablo Neruda, Premio Nobel de Literatura y poeta de excelencias, murió avergonzado de aquellos cantos inmerecidos al dictador ruso.

Para muchos Stalin era todavía el gran revolucionario, amigo de los pobres y un genio militar contra el nazismo. Todavía no se conocía en toda su magnitud al verdadero Stalin, siniestro y torturador, que carecía de límites para exterminar a sus aliados y enemigos, mientras se presentaba ante las masas como el salvador de los pobres y el gran aliado del proletariado.

La historia recopila una cifra escalofriante de alrededor de doce millones de víctimas del estalinismo en Rusia y los países vecinos. Inclusive Stalin superó a Hitler en la cifra de seres humanos asesinados en el siglo XX, que ya es mucho decir.

¡Qué dos asesinos, Stalin y Hitler, que se decían amantes de las masas y de los pobres!

---

[2] *Diario Las Américas*, 16 de junio de 2008.

Debo aclararte que me parece estupendo cualquier admiración por un profeta, pastor, líder político o pensador que profese amor hacia los pobres y se comprometa con la justicia social.

Nuestro Jesús puso a los pobres en el centro de su carisma y de su apostolado, pero jamás lo vimos abrigar un rasgo de violencia autoritario o discriminatorio en su corazón.

La Madre Teresa de Calcuta se arrodilló humildemente ante los pobres para crear una obra de amor universal, pero nunca escuchamos de ella un acento de dureza contra nadie.

Mi segunda asociación a tus palabras de admiración me llevan a coincidir contigo en «no eludir las motivaciones» que tuvo el Che para asumir los excesos de violencia revolucionaria que marcaron los hechos de su vida, que reconoces.

Permíteme que te ayude a revisar esa motivaciones conocidas.

Si conocieras un poco más de ese trozo de historia cubana, que confiesas desconocer porque te encontrabas en el seminario de La Habana y posteriormente en el de Roma, no dirías que en el Che y en el grupo guerrillero de la Sierra Maestra no había ambición desmesurada y violencia arbitraria:

Revisa la historia de las relaciones del Che y Fidel con Frank País, Jorge Sotús y Ramos Latour, que ya son de conocimiento público. El famoso centralismo autoritario de la Sierra contra el civilismo democrático del Llano. Lee con calma los documentos que Frank País enviaba a la Sierra y como el Che y Fidel se indignaban con ellos por la profesión democrática de los mismos.

Analiza las discrepancias del Che y Fidel con José Antonio Echeverría y el Directorio 13 de Marzo desde el Pacto de México. La acción en que muere José Antonio, todavía su cadáver insepulto, fue considerada desde la Sierra Maestra como «un acto putchista contra la revolución». Casi una herejía inconcebible por parte del Che y de Fidel.

Evalúa los fusilamientos desde la Sierra Maestra hasta los fusilamientos a los tres cubanos de la raza de color, durante la represión del 2003, pasando por los fusilamientos en los fosos de la Fortaleza de la Cabaña, donde el Che tuvo una presencia activa y desenfrenada.

Investiga la represión brutal contra los presos políticos en el Plan de Trabajo Forzado en Isla de Pinos.

Si hubieses conocido o padecido las torturas en las gavetas, en la piscina de Villa Marista, donde te ahogan todavía con una capucha para atemorizarte, o en las zanjas de excrementos, te aseguro que no hablarías del amor a los pobres del Che Guevara ni de Fidel Castro.

Hablas en tu nota de la coherencia en las convicciones del Che y de tus simpatías con el énfasis que él hacía del socialismo, aunque inmediatamente aclaras que no eres marxista.

En fin, un enredo que pocos entienden, pero es tu enredo teórico. No discuto tu derecho a simpatizar con la revolución cubana del Che y Fidel, pero en ese camino, pienso que sin darte cuenta, te alejas de la parte más activa y sufrida del Cuerpo Místico de la Iglesia, a la que representas y a la que perteneces.

Los cristianos tenemos el carisma del amor y del perdón, incluso para amigos y enemigos. Así lo enseñó Jesús en su apostolado maravilloso. Pero admirar la opresión en cualquiera de sus rasgos de autoritarismo, podría ser considerado complicidad.

No pongo en duda que el Che fuese un hombre sacrificado y de convicciones, lo que demostró en sus periplos de intentos guerrilleros en Bolivia y en otros escenarios internacionales.

Qué el Che se haya convertido en un ícono del entusiasmo fuera de Cuba es parte de una mitología de la imagen, que se explica porque esa parte del mundo desconoce que era un hombre sanguinario en busca del poder para aplicar el autoritarismo revolucionario.

Esos entusiasmos me recuerdan las loas al camarada Stalin, adorado por esa vanguardia revolucionaria del siglo XX. Pero cuando la historia revele la rudeza del autoritarismo y la imposición a cualquier precio humano, que aplicaron el Che y Fidel al pueblo cubano, no albergo dudas de que el mundo entenderá que la ambición por el poder revolucionario no justifica nunca el exterminio de los adversarios.

Jesús nos enseñó amar a los pobres y a los pecadores, pero en su historia salvífica no nos dio ninguna lección de eliminar sanguinariamente a los contrarios.

Cuba necesita caminos de cambios, donde los cubanos se abracen y se reconcilien y donde todos, fíjate que enfatizo el todos, tengan la oportunidad de decir y disentir.

Entiendo perfectamente la obligación de la Iglesia a acercase a cualquier poder temporal, no importa que este sea de corte marxista, pero ese acercamiento tiene que ir matizado de solidaridad con los oprimidos y con los que sufren.

El amor a los pobres Carlos Manuel, no puede ser un canto teórico, mientras se coloca a los adversarios ante el paredón de fusilamiento.

Reza por todos, que Cuba necesita de la misericordia de Dios.

Se despide tu amigo, que no tuvo el privilegio de alejarse de la violencia por estudios en el seminario.

Mis afectos,

Alberto Müller

LAS FLORES EN EL PARQUE CENTRAL[3]

Los aldabonazos de alerta pasan a la historia con un eco de transparencia y perdurabilidad que se hacen difíciles de silenciar.

Por eso en medio de la crisis que padece Cuba, inmersa en carencias de viviendas, de electricidad, de vergüenza pública, por una parte, y de excesos de corrupción y de autoritarismo por la otra cara del rostro oficial, es bueno recordar riesgos de generosidad.

Hoy se cumplen 47 años de la manifestación estudiantil en el Parque Central de La Habana, ante la estatua de José Martí, como protesta por la visita a Cuba del entonces Vice-Primer Ministro soviético, Anastas Mikoyan.

Aquel gesto de jóvenes universitarios que habían luchado por una revolución que restableciera el estado de derecho y las libertades en Cuba, se convertiría en la primera protesta callejera para alertar a la población del desvío de la revolución cubana hacia el totalitarismo marxista.

Los cientos de estudiantes que se reunieron aquel mediodía de 1960 en el Parque Central de La Habana, entre los que se encontraban sus dirigentes Juan Manuel Salvat, Joaquín Pérez Rodríguez, Antonio García Crews, Luis Fernández Rocha, Jesús Permuy, Ernesto Fernández Travieso, Isabel Alonso, Julia Díaz, Rafael Orizondo, Teresita Baldor, Ady Pino de Viera y Fernando Trespalacios, entre otros, portaban carteles que decían: «revolución sí, comunismo no».

No debemos eludir en el relato de los hechos, que cuando aquellos jóvenes universitarios llegaron al Parque Central llevando su corona de flores simbolizando una bandera cubana, se encontraron que minutos antes, Anastas Mikoyan había depositado una corona ofensiva y

---

[3] *Diario Las Américas*, abril 5, 2007.

degradante con los signos de la hoz y el martillo de la Unión Soviética.

Las fuerzas policíacas que custodiaban el Parque Central y el cercano Palacio de Bellas Artes, donde se encontraba Fidel Castro con el visitante «non grato», al percatarse de las presencia de los estudiantes universitarios, comenzaron a disparar en un intento desesperado por dispersar a los manifestantes.

La riña que se produjo entre los estudiantes y las fuerzas de seguridad que custodiaban la corona soviética, provocó que ambas coronas se destruyeran.

¡Triste paradoja que las fuerzas del orden castrista destruyeran e impidieran que una bandera cubana convertida en corona de flores fuese depositada a los pies del Apóstol de la Independencia cubana!

Por esa razón el Diario de la Marina al día siguiente del altercado por la protesta en el Parque Central, publicó un editorial bajo la autoría de José Ignacio Rivero expresando: «Las flores que quería José Martí la llevaban los estudiantes».

También toda la prensa cubana y parte de la prensa internacional se hizo eco de la protesta desde sus cintillos de primera plana.

Ha transcurrido más de un ciclo generacional del hecho que hoy comentamos. Definitivamente la decisión de aquellos jóvenes universitarios de dejar sentada una protesta pública por la visita a Cuba de Anastas Mikoyan, el asesino que ordenó el aplastamiento del levantamiento libertario húngaro en Budapest en 1956, fue un aldabonazo pleno de coraje.

Juan Manuel Salvat, uno de los organizadores principales de la protesta dijo en una ocasión: «después del Parque Central supe que el régimen iba hacia el totalitarismo comunista, por lo que había que combatirlo».

Hoy resulta fácil el recordatorio, pero lo meritorio de esos jóvenes y de esa generación intermedia, fue su visión adelantada a los tiempos que se cernían como una sombra trágica sobre Cuba. El futuro de la nación cubana recaerá de forma inevitable en las manos de las nuevas generaciones que crecen en suelo cubano, pero la manifestación estudiantil de protesta en el Parque Central de La Habana será siempre un aldabonazo de alerta y transparencia para aprender que la comunidad siempre debe tener bajo observación crítica a todos los excesos del poder político.

«Las flores que quería Martí» quedan en la memoria histórica como una advertencia aguda e inteligente ante una crisis, que aún está pendiente de ser resuelta.

CUBA: MÁS ALLÁ DEL MARXISMO[4]

La historia tiene resultantes inapreciables. Al ser humano, cuando se le cierran los caminos de su libertad, es capaz de derrumbar bosques y montañas hasta reencontrarlos y reabrirlos. La Unión Soviética es la evidencia más reciente.

El siglo XX que termina, amén de sus adelantos técnicos y de sus crecimientos de modernidad, ha sido un tiempo histórico que ha ofendido lastimosamente la dignidad del ser humano: el nazismo, el estalinismo, las dos guerras mundiales, las bombas atómicas de Hiroshima y Nagasaki, la contaminación atmosférica y la hambruna en las distintas áreas del mundo; para sólo mencionar algunos hechos de dramatismo singular, son testimonios de sobrada confirmación.

El comunismo soviético, la Madre Patria de todo el «comunismo menor y viajero», se está despidiendo de la historia. Los terribles símbolos de la «hoz» que ciega la verdad y el «martillo» que golpea la conciencia desaparecen estrepitosamente.

Sería ingenuo pensar que Cuba pueda estar exenta del marco de referencia anterior. La Isla no es un mundillo aparte que pueda aislarse en la fantasía irreal de Robinson Crusoe. El cambio democrático en Europa del Este y en la Unión Soviética han dejado a Cuba sin su más apreciable soporte ideológico-político. Y esto lógicamente agrava la situación de deterioro económico y de incertidumbre moral que aqueja a toda la nación cubana.

La disidencia cubana y los grupos políticos con incidencia real dentro de Cuba comienzan lentamente a estructurar en amplio frente de resistencia interior que debe convertirlos finalmente, junto al pueblo de Cuba, en los protagonistas de la transición hacia una reconciliación nacional y un proceso de democratización verdadera El exilio cubano tradicional y dependiente de las directrices de Washington se

---

[4] *Diario Las Américas,* Sept. 10, 1991.

encuentra muy distante de tener una visión objetiva de la realidad. Por eso su alcance de acción política sobre la Isla es limitado y en ocasiones negativo e irreal. Su intransigencia revanchista y su obsesión por un «baño de sangre», los inhabilita a la acción política constructiva que requiere la hora presente. No se puede pensar en retrotraer a Cuba al 31 de diciembre de 1958. Esto sería una gran locura de irresponsabilidad histórica. Además, la historia es dinámica en avances y originalidades, nunca regresa a épocas pasadas de eternismos inexistentes.

A los cubanos pertenece exclusivamente resolver la crisis por la que atraviesa su nación. Cualquier intento desde afuera, a espaldas de la voluntad de la sociedad cubana, lesiona un destino de independencia indiscutible para el futuro de Cuba.

El pueblo de Cuba rechaza inequívocamente la tesis injerencista de que se ahogue económicamente la isla, porque esto significa sacrificar injustamente a los más necesitados. Cuba no puede ser mirada como una ficción que decidan «ahogarla o no» políticos extranjeros. El presente y el futuro del desarrollo económico de la isla tienen que decidirlo los cubanos con su trabajo, esfuerzo y creatividad.

La transformación de Cuba debe transitar inevitablemente porque el pueblo exprese sus inquietudes y anhelos de libertad por medio de un proceso de consulta democrática, en donde se rechace la violencia e impere la paz social. Cada núcleo familiar cubano debe sentir que se le garantizará una vivienda decorosa. Cuba debe aspirar a ser una nación de propietarios; de trabajadores que participen en la dirección, las ganancias y la propiedad de las empresas; de campesinos, dueños de sus tierras, que puedan mercadear libremente sus productos; de estudiantes con autonomía en sus centros de enseñanza.

La educación y la atención médica gratuitas deben ser un derecho garantizado para todos los ciudadanos.

La ley fundamental de Cuba tiene que ser el respeto a la dignidad de la persona humana.

Los «agoreros» que andan rondando los extremos de la intransigencia (llámense comunistas o conservadores) y que sólo visualizan violencias, muertes, ahogamientos, precipicios o catástrofes, tendrán que ser derrotarlos por el pueblo con comprensión, sensatez, amor, realismo, reconciliación y cubanía.

Más allá del marxismo, Cuba encontrará su Libertad y su Vida.

JESÚS DÍAZ, LA ÉTICA
Y LOS DESPEDIDOS DEL *HERALD* [5]

Miami sufrió una conmoción afectiva la semana pasada al enterarse de que tres periodistas profesionales respetables y admirados por la comunidad, como Pablo Alfonso, Wilfredo Cancio y Olga O'Connor fueron despedidos sorpresivamente por *El Nuevo Herald*.

Debo decir que guardo un enorme respeto por la excelencia periodística de *The Miami Herald* y de *El Nuevo Herald*. Así como un afecto muy cercano y especial por los colegas, también excelentes profesionales del medio, como Alberto Ibargüen, Roberto Suárez y Carlos M. Castañeda, este último ya fallecido (los tres editores eméritos), además por Humberto Castelló (director), Gloria Leal (directora asociada), Araceli Perdomo (Coordinadora de Perspectiva), Alejandro Armengol y Andrés Reynaldo (ambos periodistas), entre otros.

Jesús Díaz, presidente y editor de *The Miami Herald* Media Co, que también supervisa las operaciones de *El Nuevo Herald*, «se manifestó decepcionado por los pagos a esos tres periodistas, por sus colaboraciones informativas para Radio Martí, porque ellos (refiriéndose a los pagos) violan la sagrada confianza entre los periodistas y el público».

Primero, habría que decirle a Jesús Díaz que cualquier colaboración periodística, ya sea en un medio oficial o privado, no tiene por qué violar ninguna confianza pública, si la información de esos profesionales se ajusta a la verdad del hecho acontecido.

Este es el principio ético básico de casi todos los Códigos de Ética en el mundo. Y estoy casi seguro de que además de la opinión pública, ni el propio Jesús Díaz tiene dudas de la integridad «con el hecho

---

[5] *Diario Las Américas*, 19 de septiembre de 2006.

acontecido» de esos tres periodistas despedidos de la nómina del Herald.

Cuando Jayson Blair fue expulsado del *New York Times* por sus reportajes mentirosos y llenos de plagios fue precisamente por violar ese principio ético. Y no tengo que decirle a Jesús Díaz la importancia periodística del *New York Times* como una empresa privada.

Lo que quiere decir que la ética se viola lo mismo en una empresa privada que en una empresa pública. Lo que viola la ética es la conducta impropia del periodista, no la naturaleza privada o pública de la empresa.

Pero vayamos al punto confuso en la nota de Jesús Díaz el domingo en *The Miami Herald*, cuando dice «que él está profundamente comprometido en la separación de la prensa con el gobierno».

Yo estoy absolutamente convencido de que los tres periodistas despedidos también están comprometidos con esa premisa. Pero no confunda Jesús Díaz a Radio Martí con el gobierno, a pesar de ser un medio oficial, porque eso es una falacia poco elegante.

Radio Martí también es un medio de prensa con abundantes excelencias en su trabajo informativo y un equipo de periodistas altamente calificados, bajo la dirección de un grupo de profesionales respetables. Y no negamos que sea un medio oficial, como también lo es la Agencia EFE y la Voz de las Américas.

Pero eso no implica, como Jesús Díaz insinúa, que los periodistas de Radio Martí no posean una intachable calidad ética en defensa de la libertad de expresión.

Me consta haber escuchado en infinidad de ocasiones desde las ondas de Radio Martí, críticas de analistas y de periodistas a algunas políticas emitidas desde la Casa Blanca en distintas administraciones.

Y estoy seguro de que nunca un periodista de Radio Martí ha recibido orientaciones de la Casa Blanca para cumplir con su trabajo de información hacia Cuba o para defender los linderos políticos del presidente de turno.

Porque entre otras consideraciones, que Jesús Díaz debe conocer, el objetivo loable y fundamental de Radio Martí es abrir un espacio informativo libre en esa isla esclavizada por un sistema comunista autoritario y criminal, bajo el liderazgo de Fidel Castro.

No es materia informativa de Radio Martí salir a inmiscuirse en las polémicas alrededor de las políticas internas de los dos partidos en los Estados Unidos.

Jesús Díaz también debe saber que los pagos a periodistas que laboran en medios oficiales son una práctica común en los Estados Unidos. No hay nada que falte a la ética con laborar en un medio público.

Analicemos otro aspecto de este embrollo de los despidos con el reportaje difamatorio y dudoso de Oscar Corral, que presupone que cualquier periodista que trabaje en un medio de comunicación oficial, como Radio Martí, está comprometiendo su ética profesional.

Corral comete el mismo equívoco disparatado de Jesús Díaz, pues como ya hemos dicho, la ética no se compromete por laborar en un medio privado o público.

Pero además comete otros errores aún más graves, que lindan con la difamación, pues involucra a otros periodistas que no pertenecen a la nómina del Herald y compara a los tres periodistas del Herald con el caso conocido de un periodista que recibía dinero para defender un proyecto político.

Sin embargo, aceptemos que McClatchy Corporation, los nuevos dueños de *The Miami Herald*, consideran que existe un conflicto de intereses porque sus periodistas laboren en Radio Martí.

Aceptemos esa premisa. Cualquier medio privado tiene el derecho de tener ese punto de vista. Y los periodistas que laboran en el centro, por lealtad, tienen que aceptarlo.

Un periodista no puede transgredir las reglas de su empresa y éste es otro principio ético. Pero como el dueño anterior del Herald era Knight Ridder, y nunca pusieron reparos de conflictos de intereses para que estos periodistas, injustamente despedidos, laboraran en Radio Martí, entonces la actitud de MacClatchy y de Jesús Díaz debió haber sido otra radicalmente distinta.

¿Por qué no llamaron a estos periodistas y les dijeron: miren, a partir de ahora, MacClatchy considera que laborar en Radio Martí y en el Herald al unísono, crea un conflicto de intereses? Por lo tanto, les estamos dando la oportunidad de dejar los trabajos en el medio público para que puedan seguir laborando en *El Nuevo Herald*.

Esta era la actitud leal, sensata y correcta con estos tres profesionales de los medios. Pero no fue así lamentablemente.

Y un último punto con aristas muy sospechosas: ¿cómo se explican Jesús Díaz y MacClatchy Corp. que la prensa castrista se haya enterado con una semana de antelación del reportaje de Oscar Corral?

La respuesta es compleja y puede ser comprometedora, pero tiene que haber una respuesta. Sencillamente alguien dentro de la empresa MacClathy debió pasar la información del reportaje a los servicios de inteligencia castrista.

Y no me diga Jesús Díaz que desconoce al sucio agente periodista que filtró hacia Cuba este secreto profesional. No creo que existan más de tres personas que conocieran del reportaje y de la investigación.

Pues dentro de ese grupo está el agente provocador. Y más prioritario y honesto que el despido de Alfonso, Cancio y O'Connor, que son periodistas éticos, hubiese sido para MacClathy Corporation y Jesús Díaz la expulsión deshonrosa del Herald de este periodista que se vende a un país comunista, que no respeta ni cree en la libertad de expresión.

Esperemos confiados en una rectificación de la conducta de Jesús Díaz y de MacClatchy Corporation con la injusta expulsión de estos tres profesionales del periodismo.

Había otros caminos menos convulsos y más justos.

LA AUTOCRÍTICA DEL *HERALD*[6]

La conmoción producida en Miami por los despidos y el posterior reintegro de los periodistas, la renuncia de Jesús Díaz, el insulto resonante de Tom Fielder a los cubanos y el hecho insólito de que el contenido del reportaje de Oscar Corral se publicase primero en los medios oficiales del castrismo en La Habana, que en la propia plana regular de *The Miami Herald*, ha dejado definitivamente una interrogante llena de sospechas, de complicidad y de discriminación dentro de la comunidad cubana de Miami.

Ahora leemos de la mano de un periodista respetable, como Clark Hoyt, la autocrítica oficial del *Herald* ante todos estos eventos incongruentes.

Interesante y de por sí curioso, que el *Herald* se critique a sí mismo por algo que hizo en forma incorrecta. O dicho en términos más realistas, que McClatchy Corporation tenga el valor de develar lo que podría denominarse una lucha interna de los directivos del *Herald*, digamos, *The Miami Herald* versus *El Nuevo Herald*.

Pero debemos decir sin temor alguno y sin dobleces, que la autocrítica del colega Hoyt, no sólo se queda a medio camino, sino que padece de lagunas en el proceso analítico y tiene conclusiones injustas con los periodistas involucrados. Vayamos por parte:

Primero dice Hoyt que el reportaje de Corral, fue «preciso», desde el punto de vista factual, porque los periodistas que reciben pagos por aparecer en medios de difusión gubernamentales, se colocan en una «posición comprometida». Y al final de la misma autocrítica, ya para concluir su evaluación, Hoyt afirma que el artículo de Corral fue «torpe y parcializado».

¿En qué quedamos, son peras o manzanas? Si de verdad el reportaje de Corral fue «torpe y parcializado», y en gran medida coincidimos

---

[6] *Diario Las Américas*, noviembre 21. 2006.

en esta observación con Hoyt, es contradictorio y forzado que pueda ser preciso. Las torpezas y las parcializaciones son casi siempre rudas, imprecisas e injustas.

Lo curioso en este punto de la «torpeza», es que la publicación del reportaje no es únicamente una torpeza individualizada del periodista que lo firma, sino también una torpeza de sus superiores en *The Miami Herald*, que lo autorizan. Y esto no se ha aclarado con suficiente transparencia.

Pero profundicemos en otro matiz del reportaje, pues esta es una vieja polémica en el escenario de la ética del periodismo, que el colega Hoyt conoce perfectamente: cualquier colaboración periodística, ya sea en un medio oficial o privado, no tiene por qué violar ninguna «confianza pública», si la información de esos profesionales del periodismo, se ajusta a la verdad del hecho acontecido.

Comparar el caso de los periodistas de *El Nuevo Herald*, Wilfredo Cancio, Pablo Alfonso y Olga O'Connor, periodistas los tres de reconocida honorabilidad, con el periodista Armstrong Williams que salió a defender por dinero un plan educacional de la Casa Blanca, más que una «exageración», como afirma Hoyt, es una canallada sucia entre supuestos colegas de la misma empresa periodística.

Periodistas de mucho prestigio en la historia del periodismo han colaborado con empresas que reciben dineros públicos para realizar su trabajo periodístico, como: Radio Europa Libre, la Voz de las Américas, PBS, la Agencia EFE y Radio Martí, por mencionar unas pocas, pues la lista es larga y voluminosa.

Cuando Jayson Blair fue expulsado del *New York Times* por sus reportajes mentirosos y llenos de plagios fue precisamente por violar el principio ético de ser fiel con la verdad del hecho. Y su expulsión no tuvo ninguna relación con el pago que recibía del *New York Times*, como una empresa privada.

El respeto por la verdad del hecho es el fundamento básico en casi todos los Códigos de Ética en el mundo. Sin embargo, aceptemos que McClatchy Corporation, los nuevos dueños de *The Miami Herald*, consideran que existe un conflicto de interés porque sus periodistas laboren en otra entidad noticiosa.

Cualquier medio privado tiene el derecho de tener este punto de vista reglamentario de exclusividad. Y los periodistas que laboran en esa empresa, por lealtad, tienen que aceptarlo. Un periodista no debe transgredir las reglas de su empresa y éste es otro principio ético.

Pero implicar falta de ética periodística, por trabajar en Radio Martí, cuyo objetivo principal es abrir un espacio informativo en un país oprimido por una dictadura comunista totalitaria, es un error de proporciones mayúsculas, por no decir una injusticia cerril.

En otro aspecto interesante de la autocrítica del *Herald* se reconoce que desde el año 2002 se sabía públicamente que algunos periodistas de *El Nuevo Herald* colaboraban en Radio Martí, por lo que se pregunta: ¿por qué la gerencia del *Herald* no investigó y reaccionó en el 2002 y reacciona en el 2006?

Preguntas todas que dejan muy mal parados a algunos directivos actuales de *The Miami Herald*, pues ellos sabían desde hace cuatro años, que los periodistas involucrados de *El Nuevo Herald* estaban autorizados a colaborar con Radio Martí por Carlos Castañeda, ese insigne maestro del periodismo americano y de la ética del periodista.

Otra falla grave del reportaje sobre Radio Martí, según Hoyt, es que «se mandó a la imprenta antes de que el reportero y sus editores tuvieran tiempo de hurgar en cada ángulo relevante».

Qué observación más aguda. Pero inmediatamente el mismo analista justifica la falla de publicarse en forma apresurada, porque, según Corral, el director de Radio Martí, le había dicho que otros medios estaban investigando el asunto.

Y este argumento del párrafo anterior de la autocrítica, con el mayor respeto que merece el historial de excelencia del colega Hoyt, nos resulta risible, débil e inaceptable.

Justificar que el reportaje se publicó, sin ser revisado en todos sus ángulos y omitiendo el balance que requiere la ética periodística, por lo que dijo entonces Pedro Roig, el director de Radio Martí, que fue la verdad de la conversación, y la verdad no debe ocultarse, es muy superficial.

Lo que exige la ética periodística hay que cumplirla sin justificaciones racionalizantes o circunstanciales. Un reportaje que no ha sido revisado y carece de respeto con la verdad, no debe publicarse nunca. Y esto hay que decirlo así, sin rodeos ni ambivalencias.

Otro hecho de suma gravedad en el reportaje en cuestión, publicado en primera plana y con fotos acusatorias, que más parecían fotos de un reportaje policial, y que Hoyt menciona con acierto, es que el reportero nunca se preocupó en publicar la opinión de las personas involucradas en su relato acusatorio.

Y esto es una violación ética grosera de este género periodístico, que implica que ni Corral ni sus superiores, se preocuparon por el balance y la justeza del reportaje. Tal vez esta sea la violación ética más grave de todo este rollo del *Herald* (*The Miami*) versus el *Herald* (*El Nuevo*), que involucra directamente a la comunidad cubana de la ciudad.

Pienso que la opinión pública miamense no va a agradecer en toda su dimensión el esfuerzo analítico de Clark Hoyt y la responsabilidad que asume David Landsberg, como nuevo editor de *The Miami Herald*, porque quedan cosas muy sensibles y sospechosas por aclarar.

EL MEMORIAL CUBANO [7]

El sábado en la tarde decidí visitar el Memorial Cubano, instalado en los predios de la Universidad Internacional de la Florida en la ciudad de Miami.

Ex-profeso, en esta ocasión, escogí una hora temprana de la tarde, sin público, tal vez por un sentimiento un poco íntimo, pero en ocasiones necesario para la psiquis sobrecargada de obligaciones.

Quería orar a Dios en soledad, ante la memoria imborrable de los compañeros caídos. Y es que cuando se logra ese tipo de comunicación, la presencia del Creador se hace más intensa.

Confieso que caminé despacio, oré tranquilo, pensé sosegadamente. Y sentí vivo en mi pensamiento y en mi corazón, la memoria de los cientos de miles de hombres y mujeres cubanas, que han ofrendado sus vidas en aras de la libertad de Cuba.

Debo confesar al amigo lector, que el recordatorio de cruces blancas que representa una memoria del sacrificio de todo un pueblo ante la barbarie interminable de un sistema abusivo y criminal, es una sugerencia estupenda a la reflexión más profunda y un señalamiento inobjetable del crimen y de la cruel represión sistemática de la dictadura totalitaria castrista.

El Memorial Cubano constituye un esfuerzo mancomunado de varias organizaciones, grupos e individuos en el exilio cubano comprometidos en denunciar al mundo la historia del genocidio cubano por el régimen de Fidel Castro.

En Caracas, Venezuela, esta maravillosa iniciativa, se realizó, organizada por el Comité de Cubanos Pro-Derechos Humanos (CCPDH) y venezolanos de Origen Cubano (VOC).

Enhorabuena el esfuerzo de honrar a los caídos!

---

[7] *Diario Las Américas*, 20 de febrero de 2008.

Durante mi pausado caminar entre las cruces, visité emocionado a algunos amigos y compañeros de lucha que ofrendaron sus vidas ante el paredón de fusilamiento. Lloré en silencio para mis adentros. Menciono sólo a algunos, pues la lista interminable, no tendría espacio en una limitada viñeta periodística:

Virgilio Campanería, fusilado el 19 de abril de 1961 en la Fortaleza de La Cabaña, estudiante de segundo Año de Derecho en la Universidad de La Habana, que tuvo el inmenso valor de inscribir en las páginas de la historia cubana un grito inolvidable de dignidad e hidalguía ante los verdugos fusileros del paredón de fusilamiento:

«Viva Cristo Rey... Viva el Directorio Revolucionario... Viva Cuba Libre...

Alberto Tapia Ruano, «Tapita», estudiante de 2do. año en Arquitectura de la Universidad de La Habana, fusilado el 1ero. de abril de 1961 en la Fortaleza de la Cabaña, con apenas 21 años de edad.

Julio Antonio Yebra, estudiante de 5to. Año de Medicina de la Universidad de La Habana, fusilado el 25 de enero de 1961 en la Fortaleza de La Cabaña, que inclusive tuvo el coraje de darles a los fusileros la orden para que lo ejecutaran.

Juan Pereira Varela, «Juanín», estudiante de 2do. Año de la Facultad de Arquitectura de la Universidad de La Habana, asesinado sin juicio previo en la costa norte de la provincia de Pinar del Río, el 17 de diciembre de 1961.

Puedo afirmar que «Juanín» fue uno de los hombres más puros, honrados y transparentes que he conocido en mi vida. Para este hombre sencillo no había descanso en el servicio al prójimo y su fe en Dios era contagiosa y admirable.

Después recorrí las cruces de Porfirio Remberto «el Negro» Ramírez, Presidente de la Federación de Estudiantes Universitarios de la Universidad de Las Villas; de Rogelio «Francisco» González Corzo; de Sinesio Walsh; de Plinio Prieto; de Ernesto Díaz Madruga; de Pedro Luis Boitel; entre muchos otros.

Mientras abandonaba físicamente los predios del Memorial Cubano, me sentí enriquecido moralmente por la memoria de estos hombres y mujeres, que lo dieron todo, sin reclamar nada.

Entonces me asaltó una pregunta indiscreta. Por qué este esfuerzo, tan encomiable y patriótico, no está avalado por la totalidad de las organizaciones existentes en el escenario cubano? No lo sé...

Hacia los mártires, como hacían los combatientes que están en las trincheras asediadas dentro de Cuba o en la prisión, llámense como se llamen, no deben existir banderías sectarias.

Sólo la memoria honrosa, con los mártires y la solidaridad respetuosa y militante con los opositores en intramuros y los prisioneros, se impone como una obligación moral del quehacer patriótico, independientemente de preferencias o simpatías.

El Memorial Cubano es un escenario de convergencia para honrar con una sola voz a los que lo dieron todo y los que lo siguen dando, sin pedir permiso a nadie.

Honrar, honra... y deshonrar, deshonra.

EL REMOLCADOR [8]

Mientras el exilio cubano se divide amargamente, unos a favor y otros en contra, ante las medidas de la Casa Blanca con Cuba, en cuanto a envíos de ropa, anzuelos, pitas para pescar, dinero y viajes familiares, el único que hasta ahora debe de estar disfrutando a raudales con esta pugnacidad, es Fidel Castro y su gobierno represor.

Pero como estoy entre los que piensan que el diferendo definitivo y crucial para Cuba es entre el castrismo criminal y el pueblo oprimido, y no entre Estados Unidos y Fidel Castro, creo que vale la pena reflexionar sobre una de las páginas más tenebrosas de la experiencia comunista cubana en contra del pueblo indefenso.

Sé que puede haber otras páginas parecidas en responsabilidad criminal, pero ninguna tuvo la osadía de asesinar a niños inocentes en forma tan brutal e indiscriminada.

El 13 de Julio de 1994, hace exactamente una década, mientras un grupo de familias cubanas intentaban huir de la isla a bordo del remolcador "13 de Marzo", el gobierno comunista ordenaba a un barco de su Marina Mercante, con absoluta frialdad homicida, que embistiera al remolcador para impedir la fuga anhelada.

Como consecuencia de los golpes por las repetidas embestidas del barco agresor, el remolcador fue partido en pedazos hasta hundirse en el fondo del mar.

El incidente arrojó resultados escalofriantes y de una tristeza singular al contabilizarse 37 cubanos muertos por el hundimiento de la embarcación.

Pero lo más patético del caso es que dentro de esa cifra de muertos, 10 eran niños inocentes, incluyendo un bebé de meses.

---

[8] *Diario Las Américas,* julio 7, 2004.

Otra faceta abyecta del tétrico incidente fue que la tripulación de la embarcación oficial ni siquiera mostró intentos por rescatar a los cubanos que se ahogaban en el mar.

Los pocos sobrevivientes del remolcador que se salvaron son testigos de excepción de un crimen sucio, macabro y repugnante. No sería mala idea que este grupo de cubanos se dirigiera a Michael Moore, el famoso documentalista radical, para que hiciera un documental denuncia sobre este Farenheit cubano.

Podríamos perfectamente hacer un símil o comparación de este trágico incidente con la nación cubana. Cuba se hunde como el viejo remolcador, por la inclemencia de golpes imprudentes y criminales recibidos durante más de 40 años por el sistema totalitario incapaz de entender que el respeto a la dignidad de la persona humana debe ser la primera ley de la República, como sentenciaba admirablemente el Apóstol de la Independencia cubana, José Martí.

Pero con la Patria se hunde el pueblo cubano en el desamparo y la desesperanza por la improvisación, el centralismo, la represión política y el «apartheid» económico. Toda la maldad de un sistema arcaico y abusivo que no es capaz de entender que los nuevos tiempos del Siglo XXI exigen libertad, pluralidad y respeto al ciudadano.

Y es que no puede concebirse el crecimiento ni el desarrollo ordenado de ninguna sociedad, cuando en ella impera la imposición, la persecución, el encarcelamiento y los fusilamientos.

La crisis de Cuba hoy es tan honda que está exigiendo con urgencia de todos los cubanos de buena voluntad, un momento hondo de reflexión, de sosiego, de justicia verdadera, de paz interior y de reconciliación entre todos.

Naufragó un remolcador y se ahogaron asesinados 37 cubanos entre adultos y niños. Ahora naufraga la nación cubana. Pero hoy, en vísperas de recordar esta página tenebrosa y sin precedentes en la triste historia del comunismo cubano, deberían al menos los cubanos de la diáspora descifrar la mejor manera de solidarizarse con ese pueblo de intramuros que carece de VOZ para reclamar sus derechos y de ALIMENTOS para nutrir y criar decentemente a sus hijos.

A Fidel Castro le espera, sin lugar a dudas, una silla patética y sombría de cuatro patas, similar a la que ha sentado a Milosevic <el yugoeslavo> y a Saddam Hussein <el iraquí> en el banquillo de los acusados por crímenes de lesa humanidad.

Mientras tanto, al menos ante el crimen despreciable del remolcador 13 de marzo, los cubanos deberían estar unidos en una sola voz de denuncia y no olvidar nunca que el diferendo definitivo y crucial para Cuba es entre el castrismo criminal y el pueblo oprimido

LAS DAMAS DE BLANCO
Y EL PREMIO SAJAROV [9]

El drama de Cuba con las violaciones sistemáticas de los derechos humanos vuelve a resonar en el viejo mundo ante la voluntad del Parlamento Europeo por nominar a las «Damas de Blanco» cubanas, conjuntamente con la asociación Reporteros sin Fronteras <RSF>, con sede en París, y con la abogada nigeriana Hauwe Ibrahim, candidatas al prestigioso Premio Sajarov de los Derechos Humanos que se concederá en las próximas semanas.

Las Damas de Blanco, que hoy representan lo más puro del alma nacional cubana, son un grupo de mujeres con un coraje admirable, que se visten con el color de la paz y desfilan por las calles de La Habana, para reclamar al gobierno comunista de Fidel Castro la libertad de sus esposos e hijos, detenidos injustamente en la famosa redada del Grupo de los 75 disidentes, acaecida durante la primavera del año 2003.

¡Basta ya de rejas! es la exigencia humana de estas heroicas mujeres, familiares de los disidentes cubanos encarcelados.

En cualquier idioma, decir mujer, es una expresión que dignifica la propia palabra y ennoblece su contorno humano, por el amor que natural y espontáneamente brota de la excelencia íntima de ese ser. Pero también decir «mujer cubana», por mencionar sólo tres momentos históricos entre tantos, significa entrega a lo Mariana Grajales, madre de los Maceo de las guerras independentistas; significa rebeldía a lo Zoila Almeida «La Niña del Escambray» que enfrentó con hidalguía el terrorismo de estado de Fidel Castro ante los alzados del Escambray; y significa humanismo puro a lo Polita Grau que supo alzarse con dignidad suprema ante la crisis profunda de la familia cubana provocada por el comunismo totalitario implantado en la isla.

---

[9] *Diario Las Américas,* noviembre 1, 2005.

Las DAMAS DE BLANCO, mujeres cubanas vestidas con el color de la paz, heredan con mucha humildad toda la dignidad del patriotismo en pro de una nación independiente y toda la heroicidad de las mujeres de la joven república cubana, en pro de una nación en plenitud de libertades ciudadanas y respeto a la dignidad de la persona humana.

Recientemente las Damas de Blanco entregaron una carta al embajador de Madrid en La Habana, en la que piden al presidente del gobierno español José Luis Rodríguez Zapatero que interceda por los disidentes encarcelados.

Precisamente en estos momentos, Victor Rolando Arroyo Carmona, uno de los prisioneros del famoso Grupo de los 75, en huelga de hambre desde hace 21 días por reclamar un trato más justo y humano, se encuentra en un estado grave de salud.

Su esposa Elsa González, que ha tenido que viajar desde Pinar del Río, el extremo oeste de la isla, a Guantánamo, el extremo opuesto a donde su esposo fue enviado para separarlo aún más de su familia, ha denunciado el peligro de una paro renal que sería mortal para la vida de Arroyo Carmona.

Todos los domingos mientras las Damas de Blanco se reúnen en la iglesia de Santa Rita, sita en el barrio de Miramar de La Habana, para orar a Dios y después desfilar por las calles para dejar constancia de sus reclamos de libertad para sus familiares presos, una turba de mujeres oficialistas custodiadas por agentes armados de la seguridad comunista, intentan amedrentarlas con insultos y amenazas.

Pero las DAMAS DE BLANCO han rechazado el chantaje atemorizante de las turbas castristas y durante sus trayectos semanales, entregan a los transeúntes copias de las cartas que han enviado a la Asamblea del Poder Popular <el Parlamento Cubano> y a todas las instancias políticas del mundo civilizado, solicitando paz para Cuba y amnistía para todos los presos políticos en la isla.

Hoy, tanto los cubanos de intramuros, como los del destierro, deben expresar al mundo la solidaridad entusiasta con las Damas de Blanco.

No debe quedar ningún cubano con posibilidades de dirigirse a las embajadas acreditadas en La Habana y a los consulados acreditados en ciudades del exterior con conglomerados grandes de cubanos exiliados, como Caracas, Miami, Madrid, París, México, San Juan, New Jersey y Tampa, entre otros, de hacer patente la solidaridad con la causa de las Damas de Blanco y con sus justos reclamos de libertad para sus familiares presos.

Tampoco debe quedar ningún consulado cubano en el exterior sin recibir la protesta cívica por el maltrato sistemático a los prisioneros cubanos y las amenazas cobardes que las fuerzas represivas profieren contra las Damas de Blanco.

No existe pretexto decoroso para negarles a estas mujeres, que hoy representan lo más puro de la dignidad de Cuba, el apoyo solidario merecido.

Confiemos, que ante estos actos de heroísmo ejemplar de las Damas de Blanco, no surja ningún fundamentalista desvelado diciendo que no puede apoyarlas porque visten de BLANCO, que es el color de la paz.

Seamos solidarios incansables con las DAMAS DE BLANCO como sostén para que reciban el merecido Premio Sajarov. Dejemos al comunismo castrista como el único contraste opositor a estas dignas mujeres.

Ellas son merecedoras de esta noble distinción por representar lo más puro del alma nacional cubana.

Alberto Muller

LA CIA DEVELA SUS PAPELES VIEJOS [10]

La CIA desclasifica sus papeles viejos y pone al descubierto un laberinto de espionaje y secretismo, que es digno de ser analizado con madurez y sin temor alguno...
En todas las guerras se matan y se espían entre sí los bandos involucrados en la contienda. Y la Guerra Fría fue una especie de confrontación compleja y sangrienta. Hasta el presente y desde tiempos añejos, ni la filosofía ni la sociología han tenido éxito en encontrar un método civilizado, aceptado por todos, para dirimir pacíficamente estos encontronazos en la historia, que generalmente son provocados cuando una de las partes, llámese nación o grupo social, se aparta del equilibrio de la convivencia y de la participación, para imponer su autoritaritarismo a fuerza de látigo, exterminio y campos de concentración.

Un justificado y agitado revuelo ha producido en ciertos centros de prensa y por supuesto en la comunidad cubana, tanto de intramuros como del exilio, el que la Agencia Central de Inteligencia de los Estados Unidos de Norteamérica haya decidido dar a la publicidad algunos de sus documentos almacenados en sus archivos secretos, que datan entre los años de 1953 y 1973.

Veamos qué aportan en los albores del siglo XXI estos papeles arrugados y tachados de la Agencia Central de Inteligencia de los Estados Unidos.

Siempre es significativa la diferencia entre los agentes de inteligencia de una nación autoritaria y los de una nación de corte democrático. No es que los primeros sean los sobrinos de Satanás y los segundos los primos hermanos del santo italiano Pascual Bailón, pero es evidente que de la KGV soviética a la inteligencia de los Estados Unidos, por citar ejemplos muy gráficos y cercanos, hay una cifra

---

[10] *Diario Las Américas,* julio 3, 2007.

escalofriante de millones de seres humanos asesinados por los soviéticos, de la cual la inteligencia de los comunistas cubanos es un excelente aprendiz, que en nada puede compararse con los objetivos de espionaje del mundo occidental, aunque en ocasiones éstos sean duros e implacables en algunas encrucijadas de la historia.

Todas las inteligencias tienden a ser frías y de poca sensibilidad, pero de la crueldad de los regímenes autoritarios a las exigencias de los regímenes democráticos, existen elementos de respeto y de libertad, que los autoritarios desconocen en absoluto y los demócratas finalmente tienen que respetar o dar cuenta de sus actos cuando violan estos requerimientos. Y esta es la diferencia fundamental.

Pero volvamos a los documentos desclasificados de la CIA, que salen a la luz pública, porque en 1973 el entonces director de la agencia, James Schelesinger, solicitó una investigación interna que dejó abierto el camino para develar estos documentos viejos de la agencia.

En los papeles de la CIA desclasificados quedan al descubierto los métodos de inteligencia de la agencia estadounidense manejando intentos de asesinato de espionaje y de secuestro porque el gobierno de Washington asumió la responsabilidad de frenar la extensión del comunismo en América Latina y en el mundo, en medio de la Guerra Fría.

Esto no quiere decir que la CIA haya actuado con transparencia en todos los casos. Obviamente no fue así. Sabemos que hubo excesos y equivocaciones: Transcurre la época en que es derrocado el gobierno marxista de Salvador Allende en Chile y el mundo siente la convulsión por las revueltas juveniles de 1968 en París, en Praga y en México. También son los años de la inoportuna guerra de Vietnam, del escándalo de Watergate, de la derrota en Playa Girón y de la crisis de los misiles en Cuba.

El actual director de la CIA, Michael Hayden declaró con mucha honestidad que la desclasificación de los documentos lo que pretende contar a los americanos es lo que hemos hecho en su nombre.

«La Agencia ha hecho cosas que no debería haber hecho», dijo en 1975 William Colby, el entonces director de la CIA en una especie de MEA CULPA ante la opinión pública norteamericana.

Realmente debemos decir que estas declaraciones muestran que la inteligencia de un país democrático no debe temer al juicio de la opinión pública. Los cubanos, tanto los de intramuros como lo del exilio, que obviamente quedan afectados por la actual publicación de los documentos viejos de la CIA, tienen que analizar que esta muestra de papeles viejos es en el fondo una demostración de la confianza en la libertad del sistema democrático de los Estados Unidos.

Y precisamente esa libertad es la que los cubanos reclaman para dar fin al castrismo. Si bien es cierto que se habla de un atentado a Fidel Castro en los papeles desclasificados de la CIA, por otra parte se desmiente el número de cientos de atentados que sólo han existido en la mente calenturienta y demagógica de la dictadura castrista. No hablemos por el momento de la lista de atentados a la inversa, que el castrismo ordenó, pues resultaría escandalosa.

En la contraparte, al margen de la CIA y de sus vinculaciones erráticas en los intentos de derrocar al régimen castrista, que es otra historia que algún día los cubanos tendrán que contar en su versión completa y verídica, son cientos de miles los cubanos libres que han sido asesinados, encarcelados y torturados por el régimen de Fidel Castro.

Y eso es lo válido en el recuento de la historia cubana, que en un futuro trazará su camino atada a la libertad y al respeto a la dignidad de la persona humana. Tal vez en ese momento la CIA sea sólo una referencia de aciertos y desaciertos del pasado.

En todas las guerras lamentablemente se matan entre si los bandos involucrados en la contienda. Pero parece quedar muy claro, que los cubanos que se han opuesto al totalitarismo comunista han preferido ser aliados del mundo libre de Ronald Reagan y de John F. Kennedy, y definitivamente no quieren parecerse al mundo autoritario y sanguinario de José Stalin y de Fidel Castro.

Lo demás es cuestión de tiempo y de papeles viejos. Quedan por publicar muchos documentos que pondrán más al descubierto, no solamente la naturaleza criminal del castrismo, sino sus torpezas en el desarrollo económico de Cuba, causantes del escenario caótico actual de la economía cubana y de la cuasi miseria moral y material que padece el pueblo cubano.

EL SÍNDROME DE LA DEPENDENCIA[11]

Apartándose del mensaje medular de sus dos grandes pensadores, Félix Varela y José Martí, Cuba ha sido un país con marcadas tendencias a depender del exterior.

El síndrome de la dependencia ha rondado las diferentes etapas del decursar histórico de la nación cubana, como un maleficio ensombrecedor.

Primero fue la dependencia colonial con España. Después fue la dependencia republicana con los Estados Unidos, compulsada inicialmente por la intervención de 1898 y su Enmienda Platt.

Y prosiguiendo con los designios trazados por el maleficio profético, la revolución de 1959, que tuvo la oportunidad de liberar todas las amarras de sumisión existentes, torció el rumbo hacia la dependencia totalizadora exterior con la Unión Soviética y asumió el marco represivo del comunismo.

Después la contraparte dirigencial del proceso opositor al comunismo cubano, convirtieron el esfuerzo heroico de la Brigada 2506 de Girón en un instrumento innecesario de dependencia política con los Estados Unidos.

Posteriormente se le entregó la bandera cubana al presidente Kennedy para comprometerlo nuevamente para que ayudara a colocarla en el territorio nacional.

Y acto seguido, muchos han confiado esa misión de dependencia redentora a los restantes presidentes de los Estados Unidos, sin excluir el actual. Y ya que ninguno de los presidentes cumplió con la misión encomendada, ahora se pretende pasar esa dependencia liberadora a la extraterritorial y discutida ley congresional de los senadores Helm-Burton.

---

[11] *Diario Las Américas,* agosto 15, 1995.

Pero volvamos a la dependencia más paradójica y singular. Al desaparecer la Unión Soviética y con ella todos los subsidios que mantenían a flote la economía cubana, que sumaban 3,500 millones de dólares al año, los dirigentes comunistas cubanos decretaron una dramática reestructuración de su dependiente economía en la isla. Inicialmente fue bautizada como la Opción 0, que ha terminado siendo un giro satírico de dependencia hacia el capital extranjero.

La Cuba comunista furiosamente reniega del capitalismo por sus esquemas «egoístas de explotación», según dicen, pero hace murumacas de desesperación por atraer a los capitalistas para que inviertan sus dólares en la agonizante economía cubana. Quieren seguir siendo «socialistas-marxistas», pero con capitalistas trayendo dólares para impulsar el desarrollo del país.

Mientras tanto, el pueblo cubano no ha tenido otra alternativa que montarse en bicicleta y aceptar con inquietud las reducciones del uso de la energía eléctrica y del combustible. En las principales ciudades del país se corta entre 6 u 8 horas el servicio eléctrico. El 80 por ciento del transporte agrícola se ha sustituido por la tracción animal. Y en los quehaceres culinarios, más del 70 por ciento de las cocinas eléctricas se han apagado para pasar a cocer los alimentos con el uso de la leña y el carbón.

Tal vez la primera problemática que deberían resolver los gobernantes cubanos, para reestructurar y reinventar a la nación, es ver cómo superan el desquiciante síndrome de la dependencia del exterior. Y esto podrían aplicárselo también algunos de sus opositores democráticos.

Y que conste, para evitar malas interpretaciones, no estamos sugiriendo un aislamiento xenofóbico para Cuba. Sería un contrasentido en un mundo contemporáneo cuya dinámica está sustentada en interrelaciones múltiples.

Pero Cuba sí está necesitada de un concierto interior que resuelva las quiebras sociales, termine con las persecuciones de respuestas rápidas, elimine la conciencia del éxodo masivo, libere a sus prisioneros políticos, ofrezca a todos los ciudadanos el derecho a participar, sin excepciones, y coloque definitivamente a su cuerpo nacional, por sobre cualquier proyecto de dependencia con el exterior.

Pretender que Cuba siga dentro del esquema socialista-marxista, que abanderaron los dirigentes de la revolución de 1959, sería la más malsana de las dependencias con el exterior, pues no es un marco autóctono. Y algo parecido sería poner todas las esperanzas de democratización verdadera para Cuba, en una ley que pretende desde el exterior, rendir por hambre a un pueblo indefenso.

A los cubanos se les impone una cura de participación de todos sus ciudadanos, antes de decidir sus rumbos con el exterior. Y esta responsabilidad recae en todos, principalmente en quienes detentan el poder político.

CUBA NO SE LIBERA EN MIAMI[12]

Hace unos días que la memoria histórica cubana recordó con tristeza a los mártires del 13 de marzo de 1957, encabezados por hombres de la talla moral de José Antonio Echeverría y Menelao Mora.

Y dentro de otro puñado de días se recordará, con igual orgullo patrio, a aquellos valerosos estudiantes que ante el paredón de fusilamiento de la fortaleza de la Cabaña el 18 de abril de 1961, retaron al comunismo castrista con gritos de Viva Cuba Libre, Viva Cristo Rey y Viva el Directorio Revolucionario.

Los dos hechos, aunque en dictaduras de distinto molde, representan el heroísmo de un pueblo que es capaz de ofrecer a sus mejores hijos en aras de la libertad.

Nadie duda que el comunismo en Cuba, como sistema abusivo de persecución y planificación centralizada, está padeciendo su decadencia irreversible.

Para algunos observadores de agudeza cínica el final del sistema castrista se resume a uno que otro entierro previsible y cercano, que desbordará las expectativas de todo un pueblo por liberarse de la opresión y de la amoralidad característica del régimen.

Cuba está quebrada material y moralmente. Hoy por hoy Cuba es el país proporcionalmente más endeudado del mundo. Su tasa de exiliados, de prisioneros políticos y de fusilamientos supera con creces a la dictadura más sangrienta que recuerde el siglo pasado. Su déficit en viviendas de casi un millón de unidades representa casi el 10 por ciento de su población.

Pera además, por si lo anterior fuese poco, Cuba comunista se ubica en la actualidad entre los países del mundo con mayores tasas de alcoholismo, suicidios y prostitución.

---

[12] *Diario Las Américas, abril 2, 2002.*

Por todo lo anterior es que llama poderosamente la atención el hecho reciente de que algunos supuestos dirigentes y voceros del exilio de Miami dediquen gran parte de su tiempo a polemizar agriamente entre ellos sin percatarse de que la solución del caso cubano está en la rebeldía mancomunada del pueblo en intramuros.

Cuba no se liberará en Miami, hay que repetirle a estos estilistas de la polémica, no importa lo fuerte que ellos griten desde sus aceras o micrófonos.

Desde Miami, lo que tiene que alzarse permanentemente, es un clamor de solidaridad con todo el pueblo cubano sojuzgado y sufrido.

Los que equivocadamente piensen lo contrario, revisen serenamente los ejemplos que destacamos al inicio de la viñeta periodística o cualquier otro ejemplo de heroísmo de la historia cubana.

Y verán, para su sorpresa, cómo desde Plácido, Félix Varela, Francisco Vicente Aguilera, Ignacio Agramonte, José Martí, Antonio Maceo, Antonio Guiteras, José Antonio Echeverría y Virgilio Campanería, por sólo mencionar unos pocos, lo que prima y resalta en todos estos cubanos de grandeza propia, es su entrega generosa.

La batalla por la libertad de Cuba hay que librarla necesariamente recorriendo los riachuelos y las callejuelas en la tierra cubana.

Las polémicas estériles y sin ninguna incidencia en el futuro verdadero de Cuba son juego de tontuelos.

Recordemos que el final del sistema castrista se resume a uno que otro entierro previsible. Y queda mucho camino por recorrer en la reinvención necesaria de Cuba.

Ese largo camino habrá que recorrerlo hombro con hombro con el pueblo cubano. Y con un sentimiento de nación soberana y de participación democrática muy arraigado en las convicciones de todos.

Cuba no se libera en Miami, aunque algunos vociferen con los decibeles en alta voz.

LA INJUSTICIA DE MARIEL[13]

La justicia en ocasiones tarda, pero llega si vivimos en un país de leyes como los Estados Unidos. Hace exactamente 18 años que un grupo de cubanos, a los cuales en aquella época, muy pocos quisieron escuchar ni prestar atención, escribieron un libro denuncia que se tituló «Mariel Injustice» o en español, La Injusticia de Mariel.

El grupo compuesto por activistas, escritores, abogados y actores lo encabezaba Siro del Castillo, ese incansable luchador cubano en pro de los derechos humanos. El resto del grupo lo integraban Salvador Subirá (escritor y ex preso-político), Marta Velazco (actriz), Carlos Gastón (activista y escritor, ya fallecido), Ángel Cuadra (poeta), Ramiro Lorenzo (ex-preso político), Uva de Aragón (escritora) y Elio Muller (abogado radicado en Tampa).

El libro que se publicó en inglés para concientizar a la opinión pública norteamericana y para conmemorar el bicentenario de la Constitución de los Estados Unidos, comenzaba con una bendición muy sencilla y profunda, que rezaba así:

«God bless this book in its search for justice» (Dios bendiga este libro en su búsqueda de la justicia) y lo firmaba en la Ermita de la Caridad el 1ero de diciembre de 1987, el mismo inspirador moral del libro, monseñor Agustín Román.

Desempolvé el libro cuando leí con profunda alegría humana el dictamen reciente de la Corte Suprema de los Estados Unidos, que sentenciaba «que si un prisionero inmigrante en los Estados Unidos no puede ser deportado a su país de origen, una vez cumplida su condena, no puede permanecer en la cárcel por más de 6 meses», pues básicamente ese fue el argumento principal del libro en cuestión.

Los prisioneros de Mariel que cometieron delitos en los Estados Unidos, la mayoría delitos menores, aunque había algunos delitos de

---

[13] *Diario Las Américas*, enero 18, 2005.

mayor cuantía, han permanecido más de 20 años en la cárceles con sus condenas cumplidas.

Lamentable injusticia muy cerca de lo inentendible, pues inclusive entre esos presos los había enfermos mentales y menores de edad.

Y debe decirse que la inmensa mayoría de los detenidos que habían cometido delitos menores, tenían familiares en los Estados Unidos.

Pero al final, aunque con un daño humano irreparable, se ha hecho justicia, lo que demuestra que los Estados Unidos es un país de ley, aunque en ocasiones su interpretación se haga con cierta lentitud.

Por aquellos años, el gobierno de los EU negoció con el gobierno cubano un acuerdo migratorio para devolver a los llamados presos de Mariel a la isla, pero esos acuerdos se rompieron en 1985, una vez que algunas decenas de prisioneros, en contra de su voluntad, ya habían sido entregados a las autoridades comunistas cubanas.

Después vinieron los motines de Oakdale y Atlanta que mostraron al mundo el hecho maravilloso de que ni los presos de Mariel, a pesar de estar retenidos en las cárceles norteamericanas por el Servicio de Inmigración y Naturalización, después de haber cumplido sus condenas, querían ser devueltos a Cuba comunista bajo ninguna circunstancia.

Preferían mil veces la discriminación del Servicio de Inmigración del Departamento de Justicia de los Estados Unidos que el maltrato conocido en las cárceles cubanas.

Pero ahora viene una preocupación social ante la cual la comunidad debe saber actuar con sentido humano y sin demora.

¿Cómo ayudar a que estos cubanos que saldrán de las cárceles de los Estados Unidos, después de 20 años encarcelados injustamente, se puedan integrar con normalidad a la sociedad norteamericana ?

Podríamos sugerirles a los autores de este libro, que se adelantaron en casi dos décadas a la Corte Suprema de los Estados Unidos, y que demostraron tener una visión humana más sensible que el resto de la comunidad, que vuelvan a donar su generosidad y su tiempo para que la justicia en este caso, se haga realidad.

Estos cubanos saldrán de las cárceles norteamericanas dolidos físicamente, dañados moralmente y desequilibrados emocionalmente.

Obviamente, van a necesitar mucha ayuda humana en sentido integral, tanto desde un ángulo sicológico, como social y hasta material.

Ayudémoslos sin titubeos. Y tal vez, Monseñor Román, a pesar de que ya está retirado y enfermo, podría ser la inspiración moral de esta misión.

HAVEL PROPONE A PAYÁ
PARA EL PREMIO NOBEL DE LA PAZ[14]

La noticia corrió apresurada a través de los cables noticiosos. Fue definitivamente una sorpresa agradable para el pueblo cubano de intramuros y del exilio y una señal para el mundo de que Cuba, un pueblo maltratado durante cuatro décadas de represión comunista, no descansa en su lucha pacífica por la libertad.

Vaclal Havel, el reconocido intelectual y presidente de la República Checa, además defensor apasionado de los derechos humanos por el mundo, había propuesto a Oswaldo Payá Sardiñas, uno de los principales proponentes del Proyecto Varela en Cuba, como merecedor del Premio Nobel de la Paz.

¿Pero quién es Oswaldo Payá Sardiñas?

Pues muy simple: Oswaldo Payá es un cubano de a pie, un hombre de familia, con esposa e hijos, que se mueve diariamente a su trabajo en bicicleta, mientras que los agentes de la seguridad que lo acosan y vigilan en todo sus movimientos lo siguen en cómodos autos oficiales.

También es un luchador incansable en pro de la democratización y la liberación de Cuba por vía pacífica. Su humilde residencia en el barrio del Cerro fue saqueada y destruida en una ocasión por las «brigadas de respuesta rápida» del régimen castrista. Conoce en carne propia lo que son los actos de repudio ordenados por Fidel Castro. Inclusive de grupos fantasmas creados por el régimen ha recibido hasta amenazas de muerte.

Ha sido detenido múltiples veces por ser el fundador y presidente del Movimiento Cristiano Liberación.

Oswaldo Payá es uno de los proponentes del PROYECTO VARELA, que ha recogido más de 20 mil firmas en toda Cuba para que se consulte libremente al pueblo sobre su destino soberano.

---

[14] *Diario Las Américas,* junio 23, 2002.

Todo este perfil humano de Oswaldo Payá Sardiñas, a través de la paz y la reconciliación entre todos los cubanos, no le ha sido ajeno a Vaclal Havel, presidente de la República Checa, que acaba de anunciar una visita a Miami en reconocimiento al sufrimiento de los cientos de miles de hombres y mujeres en toda Cuba que han padecido las laceraciones imborrables de la prisión política.

Desde dentro de Cuba, y valga la redundancia adverbial, la comisión de Relatoría de la coalición de grupos oposicionistas «TODOS UNIDOS» ha lanzado una invitación para que se apoye la nominación de Oswaldo Payá al Premio Nobel de la Paz.

La misiva firmada por Héctor Palacios ha sido dirigida a todos los cubanos de intramuros y la diáspora, a las instituciones y organismos internacionales, a los gobiernos democráticos de todo el mundo y a la iglesia.

El mensaje no puede ser más diáfano y claro, independientemente de las agendas políticas que con todo derecho cada grupo o persona puedan tener, es ineludible calorizar esta nominación, que honra al pueblo de Cuba.

El Premio Nobel de la Paz a Oswaldo Payá Sardiñas será como una daga justa al corazón malherido del castrismo-comunismo.

Apoyémoslo decididamente.

Y preparémonos para recibir en Miami a Vaclal Havel con toda el cariño infinito y el inmenso respeto que merece su alta investidura de intelectual, de luchador por los derechos humanos y de presidente de una República solidaria con el pueblo oprimido de Cuba.

RAFAEL CORREA OFENDE A LOS CUBANOS[15]

No es justo que venga un visitante al sur de La Florida, de la categoría que sea, e insulte por ignorancia o por sectarismo político a la sufrida comunidad cubana refugiada en estos contornos y por ende al pueblo cubano.

Era de esperar que el paso del presidente ecuatoriano Rafael Correa por Miami creara cierta expectativa, no exenta de polemicidad. Por eso decidimos seguir prudentemente sus pasos, a los efectos de obtener una visión lo más justa posible de su personalidad, de sus ideas, de sus planes políticos y de sus proyectos constitucionales inmediatos.

La primera impresión que nos causó el joven presidente ecuatoriano fue la de un político sagaz, de comunicación elocuente y con una respetable formación política. Pero como el periodismo requiere de credibilidad y su objetivo no es zaherir por caprichos de simpatía, nos atuvimos a los hechos de la realidad:

Lo cierto es que Rafael Correa viene de una familia humilde de Guayaquil; que realizó sus estudios secundarios en el colegio católico de La Salle y que posteriormente sus altas calificaciones escolares lo ayudaron a obtener una beca de estudios en la Universidad Católica de Guayaquil, en la que finalmente se graduó de economista en 1987.

De ahí se fue involucrando en la política activamente hasta llegar a la presidencia del país en las elecciones del 26 de noviembre del 2006 con un 56.7 por ciento de los votos del electorado.

En su participación reciente en la Cumbre de las Américas de Miami, el presidente ecuatoriano dio garantías de que en Ecuador no se romperá el ritmo democrático; habló de que en el año 2009 el gobierno no renovará el contrato de la Base Norteamericana de Manta; criticó a la prensa libre de Ecuador por su falta de compromiso con el

---

[15] *Diario Las Américas* septiembre 25, 2007.

pueblo y defendió su propuesta de que la Asamblea Constituyente, una vez elegida a finales del mes de septiembre, disuelva el Congreso nacional, que a su juicio no representa a la población ecuatoriana.

Pero llegó entonces el momento del insulto inoportuno e inapropiado de Rafael Correa a los cubanos libres, en el que mostró una carencia absoluta de sensibilidad con la comunidad cubana de Miami y con el pueblo cubano de intramuros, además de un irrespeto innecesario a la verdad histórica de los hechos.

El presidente ecuatoriano en una lamentable comparecencia ante un programa televisivo en Miami puso en duda la integridad de los 75 disidentes presos políticos de conciencia y de los tres cubanos de la raza negra fusilados por intentar salir de Cuba durante la primavera del año 2003, y hasta los identificó a todos como espías.

Resultó una enorme sorpresa la ignorancia del presidente Rafael Correa sobre estos hechos que, hasta nombres del prestigio de José Saramago, Premio Nobel de Literatura de filiación comunista y Eduardo Galeano, reconocido escritor y periodista uruguayo de la izquierda marxista, entre cientos de otros intelectuales de todo el mundo, condenaron la represión de Fidel Castro, contra estos 75 hombres y mujeres, por el solo delito de disentir del autoritarismo comunista imperante en Cuba. También en su misiva, estos intelectuales, condenaron con fuerza el fusilamiento de los tres jóvenes cubanos de la raza negra.

Después Correa culpó al «bloqueo norteamericano» de todas las miserias y sinsabores en la isla. Y esto nos pareció de un simplismo histórico tendencioso. Es cierto que en Cuba existe un embargo comercial por parte de los Estados Unidos desde febrero de 1962, por un diferendo entre los dos gobiernos, ante el cual los cubanos libres, oposicionistas y/o simpatizantes del comunismo cubano, no tienen ni son ni parte.

Las miserias de la isla cubana se deben a problemas sistémicos del comunismo o del rígido centralismo, que por ausencia de libertad, es incapaz de estimular el trabajo y por consiguienter el desarrollo económico.

Además, el presidente Correa debe saber que esa medida nunca ha sido realmente un bloqueo, sino un embargo parcial.

Inclusive, si bien es cierto que hay cubanos a favor de esa medida económica, y están en su derecho de opinar sobre esta materia, me atrevería decir al presidente Correa que la mayoría de los disidentes y oposicionistas de intramuros y de una parte considerable del exilio cubano de Miami, opinan que el embargo comercial ha sido un error de la política norteamericana hacia Cuba.

¿Sabía esto el presidente ecuatoriano? Me temo que no.

Y lo peor de la comparecencia de Rafael Correa fue que se declaró amigo de Fidel Castro y de su régimen de terror. Habló entonces de los logros conocidos en atención médica y en educación del régimen de La Habana, ante los cuales no hay que demostrar ningún asombro demoníaco.

Supongo que Correa sepa que los logros educativos de Costa Rica y de Chile alcanzaron los mismos índices de Cuba, pero sin mediar ningún preso político ni ningún ciudadano fusilado o torturado.

Y que Cuba, antes del triunfo de la revolución de 1959, tenía un índice de analfabetismo muy bajo, que apenas llegaba al 19 por ciento. La Revolución cubana para derrocar a la dictadura de Batista, fue un proceso político por recuperar el Estado de Derecho y no fue un proceso social.

No queremos decir que Cuba fuese perfecta, no lo era, pero sus avances en materia social estaban a la cabeza de América Latina.

Rafael Correa también debería saber que el régimen castrista ha enviado a las prisiones a más de un millón de ciudadanos cubanos, y a los paredones de fusilamiento a cientos de cubanos, por el simple hecho de discrepar del régimen autoritario castrista.

No le voy a contar al presidente Correa los detalles de las torturas que conozco aplicadas por la Seguridad del Estado cubano a sus ciudadanos, pues el espacio de una viñeta periodística lamentablemente tiene límites.

Pero sí podría pedir al presidente Rafael Correa, y no tengo porque dudar de su honestidad personal, que le dé una oportunidad a un grupo de presos políticos cubanos supervivientes de las prisiones, algunos hasta de filiación izquierdista como él, otros mujeres heroicas de una dignidad sin límite, otros cristianos de fe indestructible y otros de pensamiento conservador, para que le muestren las cicatrices de lo padecido, con abundantes pruebas de que a los presos políticos en las cárceles castrista:

Los torturaban y los asesinaban con golpes, bayonetazos y disparos; los amedrentaban con electroshocks; les aplicaban simulacros de fusilamientos; los introducían encapotados en piscinas para que sintieran que se ahogaban; los metían en zanjas de excrementos para quebrar su autoestima; les dinamitaban las prisiones para destruirlos psicológicamente.

El presidente Rafael Correa se autodenomina un humanista cristiano, que se ha opuesto a la dolarización del país y a la intromisión de los organismos multilaterales como el Banco Mundial y el Fondo Monetario Internacional. También ha declarado que no renovará el contrato de la Base Militar de Manta con los Estados Unidos en el año 2009.

Y todo lo ha hecho dentro del poder soberano que le otorga el Estado de Derecho, independientemente que las medidas sean sabias, erróneas o discutibles. Pero cuando escuchamos que el presidente Rafael Correa se identifica con la Cuba castrista y desconoce la integridad de los 75 cubanos presos y de los tres fusilados de la primavera del 2003, no tenemos otra opción que pensar que es un ignorante en los temas cubanos o un aliado encubierto del estalinismo caribeño implantado en Cuba por el régimen de Fidel Castro.

Preferimos pensar en la ignorancia de Rafael Correa, pues resulta incongruente y de una complicidad paradójica el pensar que sea de la misma fauna política de Fidel Castro. El mandatario ecuatoriano debe saber que la comunidad cubana exiliada en el sur de La Florida y los cubanos en la isla tienen una dignidad propia que ha sido ofendida por sus comentarios.

CARTA A LOS DE CUBA[16]

Queridos Gustavo, Sebastián y todos:

No saben cuánto agradezco que María y María Rosa me hayan hecho llegar la carta enviada por Sebastián. Saber de ustedes es saber de Cuba, de su dolor, de sus necesidades. En las líneas se respira toda la sencillez, la grandeza humana y la humildad interior de quienes, como ustedes, defensores de los derechos humanos, tienen hoy el inmenso privilegio del sacrificio sin pausa.

Todos ustedes son la legítima representación del pueblo de Cuba. Por eso es que están en el mismo vórtice del ciclón. De ahí los vientos inclementes y con ruidos relampagueantes de jauría rabiosa. Pero todo pasa. Vendrán las horas de calma. Y la paz deseada que tanto hemos pedido a Dios, será como una sombra sutil que nos envuelva.

Entonces comenzarán los trajines hondos de reconciliación nacional. Serán tiempos de siembra, de comprensión, de sanar heridas. Qué otros odien. Nosotros creemos decididamente en el amor que se humanizó en la Cruz.

Sé que por razones técnicas y caprichos represivos tienen enormes dificultades con las llamadas telefónicas. Inclusive, cuando después de muchas horas de paciencia y persistencia, logran alguna comunicación, éstas son cortadas miserablemente. No se desesperen. Piensen que por cada llamada que es interrumpida o que no se puede hacer, hay miles de pensamientos abrazados al riesgo heroico y a la soledad lacerante que ustedes padecen diariamente.

Y sientan igualmente que detrás de cada llamada que se logra, hay cientos de miles de voces cubanas de este exilio honroso y dolido que se acercan solidariamente a ustedes.

---

[16] *Diario Las Américas*, octubre 30, 1990.

Sentimos hondamente el asedio represivo a que están sometidos por los de allá y las críticas mezquinas que han recibido de algunos por acá. Como siempre en la historia, los extremos se acercan. Parece monstruosamente incomprensible, que quienes rodeados de comodidades, amparados en el poder político y corrompidos por suntuosos privilegios, se atrevan a emitir juicios críticos negativos sobre las actividades que ustedes desarrollan dentro de la isla.

Créanme que ellos no se merecen ni siquiera un minuto de atención. Apliquen la grandeza de corazón y perdónenlos a todos. Ellos son simplemente unos equivocados.

Coincido plenamente con Sebastián en la mención que hace en la carta sobre los efectos desastrosos que producen en el pueblo cubano la intransigencia de algunas voces extremistas de Miami, que solo piensan en «arrancar cabezas, recuperar propiedades y regresar a un pasado fracasado y perdido en el tiempo histórico». Por suerte cada día son voces más débiles, aisladas y desfasadas.

Crece cotidianamente, dentro de las principales fuerzas políticas internacionales del mundo libre, una fuerte corriente de apoyo a un retorno de la democracia en Cuba por vía pacífica y a que el problema cubano sea resuelto exclusivmente por los cubanos sin injerencias extrañas.

La Internacional Demócrata Cristiana, por medio de su presidente Eduardo Fernández; la Interncional Liberal, presidida por Adolfo Suárez en su reciente Congreso de Helsinki; la Organización Demócrata Cristiana de América (ODCA), por voz de su Secretario General, Hilarión Cardoso; los principales grupos conservadores españoles y latinoamericanos; los más destacados gobiernos y partidos social demócratas europeos y americanos; todos los grupos respetables de Derechos Humanos en el mundo. Todos ellos, sin excepción, están ejerciendo presión el para lograr cambio pacífico que demanda el pueblo de Cuba.

También los principales escritores, artistas, académicos e intelectuales del exilio cubano, se han sumado a este reclamo: Jorge Valls, Nicolás Guillén, Heberto Padilla, Ángel Cuadra, Uva Clavijo, Belkis Cuza Malé, Carlos Alberto Montaner, José Ignacio Rasco, Andrés

Reinaldo, Marcelino Miyares, Siro del Castillo, Enrique Baloyra, Ricardo Boffil, Pablo Llabre, López Miró, Ramón Mestre, Manuel Villanueva, entre otros.

No pasemos por alto el apoyo recibido de los premios Nóbel, como Lech Walensa, y de los escritores Octavio Paz y Mario Vargas Llosa.

Tengan la seguridad de que los cubanos exiliados, en su inmensa mayoría, están solidarizados con el sacrificio de ustedes. Aprovecho y envío un saludo solidario a Mario, a Samuel, a Ernesto, a Elizardo y a todos los que aún están bajo el rigor del presidio. Un recado especial a Pedro Jorge, que haremos todo a nuestro alcance para tratar de cambiar la injusta denegación de su visa por el Servicio de Inmigración de los Estados Unidos.

Abrazos a Oscar, Yanez y Jorge B., extensivo para todos.

Pienso que nos veremos pronto y esto me reconforta interiormente. Gustavo y Sebastián, unidos en el dolor de Cuba, me despido de todos.

Siempre,

Alberto Muller

II

PERSONALIDADES

JOSÉ ANTONIO ECHEVERRÍA
(ESTAMPAS DE SU VIDA) [17]

Hay hombres que llegan a la historia para marcarla de designios justos, enriquecerla con perfiles de coraje e iluminarla de generosidades y sanas intenciones. Ese es el legado imperecedero que muestra el acontecer de Cuba sobre el dirigente estudiantil cubano José Antonio Echeverría, que ofrendó su vida aquel 13 de marzo de 1957 en compañía de un grupo de valerosos compatriotas.

Cuando la historia profundice y madure su visón del quehacer cubano reciente, no dudamos que José Antonio Echeverría surgirá como la figura cubana de la república que mejor representa los ideales amorosos de la guerra necesaria de José Martí y de limpia cubanía de Félix Varela.

Se cumplen 40 años de aquella acción heroica. Y la vida de José Antonio, «Manzanita», como cariñosamente le decían sus compañeros, se convierte en un testimonio inapreciable de amor a la libertad y compromiso con su pueblo.

Nace José Antonio en la ciudad de Cárdenas, rodeado de ternuras en el seno de una familia bondadosa de basamento moral. Viaja a la capital en 1950 para estudiar arquitectura en la Universidad de La Habana. Inmediatamente la inquietud y la corrupción de la época despiertan en él la vocación de servicio y el carácter de rebeldía.

Cuando el 10 de marzo de 1952 se quiebra el ritmo constitucional y democrático de la nación cubana, José Antonio se encuentra entre los dirigentes de la Federación Estudiantil Universitaria que se movilizan para resistir el golpe militar.

El 27 de noviembre de ese año se lanza con un grupo de compañeros universitarios al terreno del Stadium del Cerro, para protestar durante el juego de béisbol por la situación dictatorial del país.

---

[17] *Diario Las Américas,* marzo 13, 1997.

El 16 de enero de 1953 muere Rubén Batista Rubio producto de la represión policial. José Antonio y el resto de sus compañeros están a su lado. Cae el primer mártir estudiantil de la época.

El 28 de marzo de 1954, José Antonio junto a Fructuoso Rodríguez, Juan Pedro Carbó y otros enarbolan una tela frente a la Comisión de los Carnavales habaneros, en rechazo a la situación del país. Asume ese año por primera vez, la presidencia de la FEU por renuncia del presidente elegido.

El domingo 13 de febrero de 1955, José Antonio es golpeado hasta quedar inconsciente en el pavimento, durante la manifestación de protesta por el segundo aniversario de la muerte de Rubén Batista. Tres meses después vuelve a ser golpeado salvajemente en un acto de recordación a Antonio Guiteras en Matanzas. Ese año es elegido nuevamente Presidente de la FEU y se funda el Directorio para encabezar la lucha insurreccional.

Se acerca su destino final. El 13 de marzo cae abatido al regresar a la Universidad, después de cumplir la misión encomendada de informar a la población desde la emisora Radio Reloj, mientras el resto de sus compañeros atacaban el Palacio Presidencial.

Curiosamente esta heroica acción del 13 de marzo no sólo provoca el lógico rechazo del gobierno de Fulgencio Batista. También Fidel Castro desde la Sierra Maestra, ordena indignado que se acuse al ataque al Palacio Presidencial de acto putchista en contra de la revolución.

¡Paradójica coincidencia!

Pero llega 1959. Y el triunfo de la revolución de ideales democráticos se desvía por derroteros totalitario-comunistas. La situación cubana empeora su pesadilla de irrespetos a la libertad y a la dignidad del pueblo. El sacrificio de miles de cubanos y la relación de mártires que han seguido la ruta trazada por José Antonio en estos 37 años de represión y ultraje comunista son escalofriantes.

El objetivo de libertades ciudadanas, implícito el 13 de marzo de 1957, aún está pendiente de materializarse.

¡Descansen en Paz los mártires del 13 de marzo!

OSWALDO PAYA RECIBE PREMIO SAJAROV[18]

¿Por qué tanta saña y temor por parte del gobierno cubano y algunos «adláteres» en contra de los firmantes y proponentes del Proyecto Varela, si ese proyecto lo que propone es una simple consulta pacífica y soberana al pueblo cubano para que decida su destino, previa una amnistía a los presos políticos y el derecho a la libre expresión ?

Hace apenas 72 horas una turbas de desalmados agentes del castrismo agredieron en el barrio del Cerro en la ciudad de La Habana la casa del disidente opositor Oswaldo Payá Sardiñas, rompiendo la puerta de entrada y colocando letreros amenazantes y groseros contra él y su familia en las paredes exteriores de la humilde residencia.

Y esta es la segunda ocasión en que las turbas fascistas del castrismo arremeten contra la casa familiar de este conocido dirigente opositor. En la primera hazaña bélica, que data 10 años atrás, las mismas turbas de respuesta rápida realizaron la agresión con tanto odio y de tal forma que dejaron la residencia inhabitable.

Si analizamos con franca objetividad estas agresiones sucias en contra de un ser humano indefenso junto a su familia, en una humilde casa de barrio popular, nos percatamos de que tienen el mismo sello agresor que las del hundimiento del Remolcador 13 de Marzo, en donde murieron una veintena de niños indefensos junto a sus padres, por sólo mencionar dos agresiones entre miles.

Todos estos hechos criminales que relatamos, carentes de la más mínima dosis de respeto humano, nos dan pie para afirmar sin dobleces, que en Cuba la cobardía tiene un gobierno constituido.

¡Qué casualidad que Oswaldo Payá Sardiñas, uno de los proponentes del Proyecto Varela, ha recibido durante este año en curso el Premio Democracia «Averrell Harriman» que otorga el Instituto

---

[18] *Diario Las Américas,* octubre 23, 2002.

Nacional por la Democracia, con sede en Washington, y el Premio Sajarov por la defensa de la libertad de expresión y los derechos humanos, que otorga el Parlamente Europeo !

Payá también ha sido propuesto por Vaclal Havel, presidente de la República Checa, como candidato al Premio Nobel de la Paz del año 2003.

Como colofón de este reciente incidente cobarde contra su residencia que relatamos, y que demuestra las contradicciones y la propia debilidad del régimen comunista, el gobierno cubano ha cedido ante la presión del Parlamento Europeo y del Primer Ministro Español, José María Aznar, para que permita a Oswaldo Payá Sardiñas viajar a Estrasburgo a recibir el Premio Sajarov.

Mientras escribimos esta nota periodística el domingo en horas de la noche, el avión que transporta a Oswaldo Paya hacia Estrasburgo ha hecho escala en Madrid, oportunidad que aprovechó el primer ministro español para recibirlo en el Palacio de la Moncloa.

No debemos pasar por alto en esta viñeta periodística, que apenas unos días antes de la última agresión a la residencia de Payá Sardiñas, el gobierno cubano expulsó de la Universidad de Camagüey a tres estudiantes por adherirse y firmar el Proyecto Varela.

Los alumnos expulsados son Roger Rubio Lima, Juan Colombié y Harold Cepero.

Y para cerrar con broche de oro debemos añadir que la Hermandad de Ciegos de Cuba ha hecho una denuncia a la Organización Mundial de Ciegos en Holanda para que interceda por el injusto encarcelamiento del abogado ciego Juan Carlos González Leyva.

Nada, que simplemente debemos concluir con la convicción de que en la isla cubana la sociedad civil se va fortaleciendo, mientras la cobardía, la agresión, la represión sistemática y el paredón de fusilamiento aún tiene gobierno constituido, aunque confiamos en que no sea por mucho más tiempo.

RAQUEL LAVILLA
HEROÍNA DE TORMENTAS Y DE SUEÑOS [19]

> «Pero en el aire flotará enterrado tu
> corazón igual que una bandera...»

Una ventisca inusitada para nuestro entorno tropical nos trajo la desgarradora noticia: Raquel Lavilla, heroína de tormentas y de sueños había fallecido.

La muerte es así de inesperada, misteriosa y atrevida. Pero qué admirable es encontrarse con una mujer, como Raquel, que vivió desde su adolescencia en permanente actitud de entrega, de generosidad y de servicio. Nunca se angustió ni un ápice por los peligros de morir. Sin embargo, sí vivió en lacerante desvelo por la ausencia de libertad en su tierra natal.

La tarde se llenó de tensiones humedecidas cuando se supo del fallecimiento de Raquel Lavilla. Ella pertenece a esa generación dolida, que por defender principios no se dejó atrapar por las orgías furiosas del totalitarismo comunista cubano. Por eso no dudó en retomar las ideas limpias de José Antonio Echeverría para proseguir su marcha con el Directorio estudiantil.

A esa generación pertenecen cubanos de la estirpe de Virgilio Campanería y Alberto Tapia Ruano, gigantes del valor que ante el paredón de fusilamiento hicieron estremecer la conciencia histórica con el grito de: «Viva Cuba. Viva Cristo y Viva el Directorio».

Parece que se cumple aquel viejo adagio gitano de que los buenos se van cuando quieren y con frecuencia se van primero.

En un puñado de días se han ido algunos grandes de la Patria cubana: Enrique Baloyra, Luis Fernández Caubí y ahora Raquel

---

[19] Diario Las Américas, noviembre 4, 1997

Lavilla, linda mujer, que cautivó a todos por su entereza moral y su coraje.

Me complace el privilegio humano, aunque me cueste tirones del alma escribir esta viñeta periodística, el haber conocido a Raquel Lavilla desde su juventud cargada de sueños.

El recuerdo me acerca a otros nombres de amigos comunes de la misma generación heroica de Raquel, que también optaron por el riesgo de defender la libertad y no por el de sumarse acomodaticiamente a las marchas de odios revolucionarios y comunistas.

Todas caminaban dignamente por la senda silenciosa de las exequias, con la tristeza empozada en el alma. Otras lloraban desconsoladas en la distancia, pues la premura del acontecer o el cerco totalitario en la isla les impedía asistir a los funerales. Nos saltan a la mente los nombres inseparables de Ady Viera, Anita Díaz Silveira, Teresita Valdés Hurtado, Clarita Baloyra, Silvia Haro, Josefina Suárez, Teresita Manduley, Yolanda Lindner y Eladia Aguilera, entre tantas que harían esta lista interminable.

¡Qué difícil despedir convencionalmente a Raquel Lavilla!

Y es que Raquel fue toda una heroína de tormentas, de riesgos, de compromisos, de voluntades. Podemos decir con rigurosidad histórica que está entre las pioneras que alertó y luchó denodadamente para que el comunismo no se enraizara en la nación cubana.

También fue una defensora incansable por los derechos de la igualdad de la mujer. Su filiación de pensamiento social cristiano la llevó a ser directora del Instituto Jacques Maritain y miembro del Consejo Asesor de la publicación «Notas y Documentos».

A Raquel le sobreviven Mamá Raquel, su hermana Cecilia, su cuñado Tomás F. Travieso, Jorge Vals, familiares y una lista grande de buenos amigos.

Y parafraseando fragmentos de una poeta mayor: ¡Qué dolor verte ahora, pero en el aire flotará enterrado tu corazón igual que una bandera!

PASTOR GONZÁLEZ: AMIGO Y MAESTRO [20]

> «*En lo cubano y en nuestra originalidad está la solución de Cuba. Si la política sirve para unir todo lo que los años tengan de coincidente, es noble; si sólo sirve para discrepar, anular y borrar de la historia, es negativa. Ningún cubano tiene derecho a hablar mal de otro cubano. Al menos yo jamás llamaré vil a un cubano que no piense como yo*».
>
> Pastor González, sacerdote escolapio.

Mi querido Pastor, amigo y maestro:

Hace 33 años que nos dejamos de ver. Aún guardo, como un tesoro de humildad, la foto contigo y el grupo de graduados. Fue entonces una graduación sencilla, sin ceremonia, ni desfiles, ni condecoraciones. Sólo una Misa en intimidad y tus palabras de responsabilidad, de amor a Dios, de aliento a enfrentar el mundo para servirlo, para entregarnos a las necesidades del prójimo.

Te confieso que por aquellos días no entendía a plenitud tu insistencia a evitar la violencia. Las revoluciones atraen a los jóvenes. La tendencia a la heroicidad es generalmente atractiva a los adolescentes.

Mucho agradezco a estos amigos guantanameros, Luis Fernández, Dagoberto Rodríguez y Pedro Guerra que me hayan invitado a la «Convivencia» en honor a tu memoria. Fueron horas de reafirmación moral alrededor de tu vida y de tu santidad humana.

¡Cuántos recuerdos me vienen a la mente de aquel último curso de 1958! El país de luto, en guerra fratricida, sin posibilidad para el festejo.

---

[20] *Diario Las Américas*, Marzo 23, 1992.

Un año atrás había sido asesinado Pelayo Cuervo, habían muerto en combate heroico, José Antonio Echeverría y todo el formidable grupo de compañeros del 13 de Marzo.

La noche que Juan Amador Rodríguez, con hombría y generosidad propia, gestionó que me liberaran de la estación de policía. Y de ahí a tocar a la puerta del colegio y recibir consejos y refugio.

A los pocos días la huelga de abril, que nos obligó a terminar el curso con algunas clases irregulares. Años primerizos de ilusiones, de riesgos, de sueños de justicia.

Después, 1959, la revolución desbordada; los fusilamientos injustos e innecesarios; la prensa amordazada; la represión sorpresiva y continuada.

Cuando las horas de victoria carecen de generosidad y de misericordia, es que arrastran una dosis de odio desarticulante demasiado agresivo y quebradizo.

Vinieron entonces los largos años de presidio; de debilitamiento y quiebra nacional. Hoy, la crisis impositiva que comenzó hace casi 40 años (1952), se ha agravado y se ha convertido en una crisis de instituciones, de valores y de sociedad.

Pastor, amigo y maestro:

Recuerdo con enorme precisión tu concepto de realización humana:

«La realización personal no es hacer lo que cada persona quiera ser; la realización verdadera es entrega, es amar al otro».

Qué hermosa y honda tu obsesión sistemática por la comunidad:
«Ninguna comunidad puede ser contraria o rival. El hombre es producto de la humanidad, ya sea la familiar, la política, la laboral o la de la fe».

Cuba estaba en el centro emocional de tu vida:
«El mejor modo de servir a la Patria es superarse en el quehacer diario, en el decoro personal y nacional, en la honestidad y la perseverancia. En lo cubano está la solución de Cuba. Mi generación ya quedó atrás, hizo lo que le fue posible. Pero

estimuló a las nuevas generaciones para que Cuba no pierda su originalidad».

Tu definición del cubano fue real y cercana:
«El cubano es alegre, cordial, perdonador, generoso. No se concibe a un cubano sin Comunicabilidad y sin ser Amigo».

Del exilio, no se te escaparon peligrosidades y agradecimientos:
«No se le agradecerá a los Estados Unidos lo que han hecho con los cubanos, descubanizándolos, sino brindándoles la oportunidad de conocer nuestros valores. No pierdan jamás el amor a Cuba, que es de todos».

Y tu humanismo caló hondo:
«Los hombres que han aprendido que su dignidad viene por su semejanza con Dios, son capaces de comprender que otros hombres pueden acertar o equivocarse».

Reza por todos, amigo y maestro de Guanabacoa. Pienso regresar pronto a Cuba, con espíritu de reconciliación, de diálogo, de perdón, de servicio a nuestra tierra y a nuestro pueblo.
Bendíceme, como en aquellos días adolescentes de peligros iniciales.
¡Cuánto siento tu muerte sin que hayamos conversado!
Guardo muchos dolores y contigo podría haberlos compartido.
Tú fuiste para mí un segundo Padre de bondad y educación. No puedo olvidarte.
Hasta Cuba, tu alumno rebelde y fiel.

Alberto
Marzo 23, 1992

EL CHE MURIÓ A SU MANERA[21]

No es fácil evaluar la muerte del Che para quien desconoce los quehaceres de matar y morir en escondites y contraseñas. Lo primero que tendríamos que decir sobre la forma en que murió el Che, al cumplirse las cuatro décadas del hecho, es que murió a su manera. De la misma forma como lo mataron indebidamente, sin juicio previo y sin garantías procesales por parte del ejército boliviano, así mataba fríamente él a sus adversarios y prisioneros.

Leamos las palabras instructivas del Che a los Tribunales Revolucionarios en 1959 para percatarnos de sus instintos criminales, que exponen con absoluta transparencia su cultura de muerte: «Tenemos que crear la pedagogía de los paredones de fusilamiento y no necesitamos pruebas para ejecutar a un hombre», decía.

Y añadía: «un revolucionario tiene que convertirse en una fría máquina de matar motivado por puro odio al enemigo».

Los muertos que el Che mató o mandó a matar en juicios sumarísimos en la guerrilla de la Sierra Maestra, en la Fortaleza de la Cabaña o en parajes internacionales ponen en evidencia que el Che trazó con su vida de odios, su forma abrupta de morir.

Sin embargo, dejada atrás la encrucijada de la muerte física del Che, lo más interesante que queda por entender para una investigación periodística, es el porqué el Che fue abandonado en Bolivia por el dictador cubano Fidel Castro.

Si ponemos en escena el escenario de las relaciones políticas en crecimiento entre la Unión Soviética y el gobierno castrista en esos años de ajustes duros, vemos cómo las ideas trotskistas y las simpatías maoístas del Che representaban un obstáculo complicado, tanto para Fidel Castro como para los soviéticos, en esa primera parte de la década de los 60.

---

[21] *Diario Las Américas,* octubre 15, 2007

Ninguna de las partes, ni Fidel ni los soviéticos, podían asimilar con sosiego aquel famoso discurso del Che en la visita a su amigo Ben Bella en Argelia en diciembre de 1964, acusando a la Unión Soviética de actitud prepotente, de explotación imperialista y de manejos corruptos, por usar métodos capitalistas con sus supuestos aliados revolucionarios.

Y eso explica que el Che, con la aquiescencia de Fidel Castro, renunciara al gobierno cubano y tomara los caminos insurreccionales por el mundo, que comenzarían en el Congo para terminar definitivamente en Bolivia. De esa forma el Che liberaba a Fidel Castro de sus entuertos poco éticos con los soviéticos y se liberaba de las ataduras con Fidel Castro. La carta de despedida del Che fue una buena puesta en escena en la cual no creían formalmente ninguno de los dos actores, ni Fidel ni el Che, pero uno y otro se liberaban de la presión que ejercía la Unión Soviética tratando de no perder su hegemonía dentro del campo marxista en América Latina.

Cuando el Che llega a Bolivia con todos sus lugartenientes, se encuentra con Mario Monje, su anfitrión en La Paz, un personaje mediocre que ocupaba la secretaría general del Partido Comunista de Bolivia, como hombre de confianza de los soviéticos.

Desde su primer día en Bolivia el Che, sin saberlo, estaba irremediablemente condenado a muerte. Lo inconcebible es que Fidel Castro se lo haya ocultado casi miserablemente.

Y otro hecho muy sospechoso, del mismo estilo que el de Monje, es que Fidel Castro designa a Montero Renán, un alto oficial de la contrainteligencia cubana, alias Iván, para que se traslade a La Paz y fuese el intermediario oficial entre Fidel y el Che.

Inexplicablemente cuando el Che se adentra en las montañas bolivianas, el oficial Renán fue enviado por Fidel a París. Esta movida sospechosa provoca que el Che pierda su contacto con Fidel en La Habana desde el principio de la operación subversiva en Bolivia hasta su muerte en combate. Pero veamos todo este escenario tenebroso de pérdida de contactos y del comportamiento de Mario Monje, escritos de puño y letra por el Che en su Diario de campaña:

Relata el Che que Monje reclamó que la dirección político-militar de la guerrilla le correspondería a él, a Monje. A lo que el Che contestó que no podía aceptar este planteamiento de ninguna manera. El jefe militar sería yo, refiriéndose el Che a sí mismo, y no aceptaba ambigüedades en esto.

¿Qué consecuencias tendría este encontronazo entre el Che y Monje? Sigamos leyendo con paciencia el Diario y veremos cómo el Che mismo cuenta estas incidencias comprometedoras.

En el resumen del mes de Enero, dice el Che en su Diario: «la actitud de Monje fue evasiva en el primer momento y traidora después. De todo lo previsto lo que más lentamente anduvo fue la incorporación de combatientes bolivianos...»

En el resumen del mes de Febrero, informa el Che en su Diario: «la actitud del Partido Comunista boliviano sigue siendo vacilante...»

En el resumen del mes de Abril, relata el Che en su Diario: «el aislamiento sigue siendo total. Luego de la publicación en La Habana de mi artículo, no debe de haber duda de mi presencia aquí...»

En el resumen del mes de Mayo, enfatiza el Che en su Diario: «falta total de contacto con Manila...»

Debemos aclarar para una mejor comprensión, que Manila es Fidel.

En el resumen del mes de Junio, dice el Che en su Diario: «sigue la falta total de contactos. La falta de contacto se extiende al Partido...»

En el resumen del mes de Julio, dice el Che en su Diario: «se mantienen los puntos negativos del mes anterior, sigue la falta total de contacto...»

En el resumen del mes de Agosto, comunica el Che en su Diario: «seguimos sin contacto de ninguna especie y sin esperanza de establecerlo...»

En el resumen del mes de Octubre, relata el Che en su Diario: «salimos los 17 con una luna muy pequeña y la marcha fue muy fatigosa... a las dos paramos, pues ya era inútil seguir avanzando...»

El Che es detenido en combate el 7 octubre y muere ajusticiado dos días después en una escuela de Higueras. La ecuación queda entendible cuando uno lee cómo el Che pierde todo contacto con Fidel Castro y con Mario Monje, pues tanto uno como el otro recibieron órdenes muy precisas de la Unión Soviética de que tenían que abandonar al Che. Cómo bien afirma en su libro Daniel Alarcón, alias Benigno, uno de los colaboradores más cercanos del Che en Bolivia: «que todo parece concebido como si Fidel Castro hubiese querido deshacerse del Che».

Pero en todo el análisis que hemos hecho, falta un elemento explosivo que muestra la sumisión de Fidel Castro a los soviéticos a la hora de traicionar y dejar abandonado al Che en Bolivia.

¿Cómo es posible que Fidel Castro, con todos los recursos conspirativos a su alcance, que movió en su momento a cientos de miles de hombres para ayudar al gobierno aliado de Angola, que negoció con el narcotráfico directamente en busca de romper el embargo de los Estados Unidos y que montó en Cuba una escuela para formar guerrilleros para subvertir el orden en el mundo entero, no haya sido capaz de evitar la traición del comunista Mario Monje al Che; no haya sido capaz de enviar un misión relámpago para restablecer contacto con el Che; y no haya sido capaz de elaborar una estrategia para sacar al Che de la encrucijada boliviana?

La respuesta es muy simple. Fidel se convertía en aquel escenario de 1967 en un cómplice de los soviéticos y consideraba al Che como un obstáculo real para sus propósitos de consolidar su poder. Por eso Fidel decide dejar abandonado al Che en territorio boliviano.

El Che estaba obsesionado por crear muchos Vietnam en la arena política latinoamericana, pero su antiguo socio guerrillero Fidel Castro estaba más interesado en cazar y tomar vodka con Nikita Kruschev, en busca de subsidios y de favores políticos, para perpetuarse en el poder y seguir matando a su estilo de caudillo totalitario. La ecuación es muy elemental. El pragmatismo autoritario de Fidel pudo más que el sueño maoísta del Che. Y el Che terminó abandonado en Bolivia, muriendo a su manera de matar fría y sanguinariamente.

DON CARLOS MÁRQUEZ STERLING[22]

Ante la encrucijada llena de ruinas y desesperanza que padece el pueblo de Cuba, producto del régimen de terror castrista durante casi cinco décadas, podría ser recomendable que quienes se preocupen por el futuro de reconstrucción y de transición hacia la democracia en la isla, busquen los referentes más luminosos de la nación cubana, pues siempre en ellos hay indicios de esperanza, de decencia y de civismo transparente.

En estos días en que estamos cerca de cumplir el cincuentenario del ataque al palacio presidencial en 1957, nada más apropiado que cerrar ese ciclo de pujanza histórica hacia la libertad, que nace en el esfuerzo independentista de José Martí con su muerte casi misteriosa en Dos Ríos y que se cierra con la muerte casi mística de José Antonio Echeverría, a un costado de su Universidad de La Habana, mientras fracasaba el objetivo de eliminar al dictador Fulgencio Batista.

En medio de ese ciclo de entregas inacabadas durante la República, que se abre con José Martí y que se cierra con José Antonio Echeverría, surgen hombres de extraordinaria fuerza intelectual y coraje político.

Y tal vez el referente más destacado entre los dos extremos del ciclo que mencionamos sea el de Carlos Márquez Sterling, un visionario periodista y abogado que incursionó en la política de su época republicana, para dejar signos inequívocos de decencia pública, de desvelo constitucional y de civismo conciliador.

Por supuesto que también hay otros referentes destacados dentro de ese ciclo y pudiéramos mencionar a Antonio Guiteras, Jorge Mañach, Aureliano Sánchez Arango, José Manuel Cortina, Felipe Pazos, Manuel Antonio de Varona, Andrés Valdespino, Antonio Fernández

---

[22] *Diario Las Américas,* febrero 27, 2007

Nuevo, Laureano Batista, José Miró Cardona y Antonio Rubio Padilla, entre otros.

Pero volvamos a don Carlos Márquez-Sterling, un referente ineludible por haber sido elegido varias veces a la Cámara de Representantes, la que dirigió en 1936 y desde la que actuó siempre con absoluta honradez y sentido de servicio público. Sus leyes a favor de la clase obrera y de los más necesitados son una prueba de su vocación por la justicia social en una época de extrema pugnacidad y de egoísmos corrupción.

En 1939 es elegido Delegado a la Convención Constituyente y termina presidiendo la Asamblea Constitucional. Sus aportes al consenso y a los ingredientes de civilidad alcanzados en el texto de la Constitución de 1940 son imperecederos e irrefutables.

Como Ministro de Trabajo en 1940, Márquez-Sterling se distinguió en presentar la Ley del Descanso Retribuido y logró la liberación de los obreros encarcelados por motivos de las huelgas obreras de aquellos años.

Al llegar el decenio de violencias entronizadas por la dictadura del golpe del 10 de marzo de 1952, Márquez-Sterling esgrimió con tenacidad quijotesca de resolver el conflicto por la vía electoral y pacífica.

El consideraba, con una visión muy aguda y precisa, que fomentar el camino revolucionario, liderado por Fidel Castro desde la Sierra Maestra, traería el caos y la anarquía para toda Cuba.

¡Qué premonición más admirable y certera la de don Carlos, en un momento en donde la moda política en 1958 imponía el camino de la violencia revolucionaria!

La voz de Carlos Márquez-Sterling será siempre un referente histórico de profundo valor para que las generaciones del porvenir sepan que en la conciliación y en la civilidad hay más elementos fructíferos de crecimiento nacional, que en la violencia autoritaria y opresiva que se ha padecido en Cuba durante las últimas cinco décadas.

Por todo lo anterior es que resulta profundamente esclarecedor el libro-compendio de su hijo Manuel Márquez-Sterling, «Memorias de un Estadista», que muestra con detalles la trayectoria admirable de lucidez, de entendimiento, de visión histórica y de convicción democrática que proclamó con su vida, don Carlos Márquez-Sterling.

La vida de este tribuno que ocupa la atención de nuestra viñeta periodística es un referente obligado de consolidación en ese proceso de democratización y reconciliación nacional que Cuba tendrá que transitar inexorablemente.

Acérquense los cubanos a la vida de don Carlos para aprender de una vez por todas, que la paz y el consenso tienen más elementos de libertad y de concordia para cualquier nación, que el autoritarismo y la pugnacidad.

MARIO CHANES[23]

Cuando puse respetuosamente la mano en el féretro, sentí su mirada cordial en compromiso perpetuo con la Patria. Y por mi mente pasó un abrazo, como se abraza al maestro.

Si Fidel y Raúl Castro tuviesen una pizca de sensibilidad, que definitivamente no tienen, debieran haber bajado la cabeza de vergüenza ante la muerte en el exilio de ese gigante moral que fue Mario Chanes de Armas.

En Mario Chanes se conjugan perfiles de coraje, humildad, servicio desinteresado y amor infinito a la Patria, que lo convierten en un referente ineludible y de extrema importancia en el escenario nacional cubano.

Se me ocurre pensar en voz alta, a modo de gratitud y de honra a su memoria, que muy pocos cubanos de esta jornada libertaria de casi cinco décadas de esfuerzos heroicos por desterrar el totalitarismo castrista de la isla cubana, reúnen con tanta fuerza y espontaneidad como Mario Chanes.

Si analizamos que este hombre de pequeña estatura, gesto gentil y hablar pausado, fue un compañero de armas de Fidel y Raúl Castro en el asalto al Moncada, en La Prisión de Isla de Pinos y en el desembarco del Gramma, y que después, al triunfo de la revolución, tuvo la entereza no sólo de discrepar del rumbo autoritario de Fidel Castro, sino que optó nuevamente por el riesgo de luchar porque la revolución no se apartara del escenario democrático prometido, nos percatamos de que estamos ante un hombre de una sólida estatura patriótica.

Mario Chanes de Armas acaba de fallecer en Miami con la misma sencillez de vida que demostró desde muy joven, mientras se ponía al servicio de Cuba por defender la libertad y la restauración democrática. Nunca de los labios de este hombre se escuchó un lamento, una

---

[23] *Diario Las Américas*, marzo 6, 2007

frase despectiva de resentimiento, una palabra autoritaria, un mensaje derrotista o una expresión de desaliento.

Mario Chanes cumplió 30 años en las cárceles cubanas de Fidel Castro. Y se escribe con facilidad en siete letras, TREINTA AÑOS, pero los horrores que padeció durante esas largas jornadas de aislamiento y de abusos, lo engrandecen en decoro y en dignidad personal.

Sin dejar de mencionar, que esas tres décadas representan un récord en la historia contemporánea de permanencia de un preso político en una prisión.

Y ese récord se graba con el nombre de Mario Chanes de Armas.

Pensemos por un momento fugaz, TREINTA AÑOS en la cárcel. Toda una vida o una parte de ella. Parece poco creíble, pero fue una realidad del tamaño del sol. Por eso resulta enriquecedor reflexionar en esa experiencia tan larga, aunque nos queme la pupila.

Una anécdota que dice mucho en la vida de Mario Chanes, es que una vez que dejó atrás sus TREINTA AÑOS de prisión, lo primero que hizo al recuperar su libertad, fue ir a visitar a Gustavo Arcos y a su hermano Sebastián, inmersos ambos en la defensa de los derechos humanos en Cuba.

Debo recordar, y permita el amigo lector que comparta este momento de cierta intimidad, cuando me abracé a Javier Denis, ese amigo de años y de desvelos por la libertad de Cuba, tal vez entre los hombre más cercanos a Mario Chanes en sus últimos años de esfuerzos patrios desde el exilio, antes de enfermar, y nos dijimos:

«Despedimos a un hombre distinto, Mario Chanes, un verdadero gigante moral, un hombre de sensibilidad propia, de humildad honda, el extremo opuesto a los valores de opresión y tiranía, encarnados en Fidel Castro».

¡Descanse en paz, Mario Chanes de Armas, que algún día sus sueños de libertad y sus desvelos por una Cuba democrática serán realidad!

OSCAR ELÍAS BISCET

Ahora que Fidel Castro ha vuelto a mentir descaradamente con su cinismo patético ante La Cumbre de Presidentes de Mercosur sobre los maltratos a los prisioneros cubanos, se hace imperativo denunciar que durante más de cuatro décadas en toda Cuba, la tortura física y sicológica ha sido una constante criminal y represiva del régimen comunista.

Como prueba a la mano de este acoso sistemático, veamos que ante el jurado del prestigioso Premio Príncipe de Asturias de la Concordia, se encuentra Oscar Elías Biscet, médico cubano de 43 años, que con anterioridad recibió el Premio Promotores de la Democracia, por el Instituto Republicano Internacional, que preside el senador John McCain.

Biscet, que preside la Fundación Lawton de los Derechos Humanos, ha sido encarcelado en varias ocasiones por su defensa de la libertad y por sus denuncias valientes sobre el aborto que se estimula oficialmente en toda Cuba, en un intento por extender la amoralidad impuesta en el país por el régimen marxista.

Plausible y loable el esfuerzo del grupo de exiliados cubanos en la ciudad de Oviedo, España, que propuso al prisionero cubano, que es todo un símbolo inequívoco de la libertad y de la soberanía cubana, para obtener el Premio de la Concordia.

Toda Cuba debería levantarse en una sola voz para apoyar solidariamente esta del médico cubano de la raza negra, Oscar Elías Biscet, para recibir el Premio Príncipe de Asturias de la Concordia.

La Fundación Príncipe de Asturias otorga anualmente este Premio a la Concordia para resaltar el esfuerzo humano de algunos luchadores, en pro de la libertad y de la reconciliación entre los seres humanos.

La propuesta de Biscet es un honor para Cuba, en momentos en que el viejo dictador vuelve a mentir sobre los métodos de tortura estalinista que él mismo ha implantado en Cuba, mientras Oscar E.

Biscet sigue siendo un ejemplo inequívoco de la tortura sicológica que el castrismo ha ejercido sobre él en sus repetidos encarcelamientos.

Y nos preguntamos, a modo de descaracterizar el esfuerzo mentiroso de Fidel Castro, cómo es que se puede desconocer por parte del propio mentor de la tortura en Cuba, que en todo el país, la tortura, el acoso, el abuso, los fusilamientos a inocentes y el encarcelamiento indiscriminado ha sido el motor principal del régimen castrista en más de cuatro décadas:

Recuerdo con tristeza infinita, cuando fui testigo en la prisión de Isla de Pinos, un período oscuro y tétrico de la historia cubana, el asesinato del joven estudiante Ernesto Díaz Madruga, que fue golpeado brutalmente hasta que un bayonetazo infernal le atravesó el recto y le desbarató todo el aparato intestinal, conjuntamente con el hígado.

Díaz Madruga murió inmediatamente después de este acto de tortura sucia y abusiva.

La población penal del presidio cubano, que suma cientos de miles de hombres y mujeres, fue testigo del horror de las celdas-gavetas en las instalaciones carcelarias de San Ramón en Media Luna, muy cerca de la ciudad de Manzanillo.

Estas celdas, que más bien parecían «perreras», carecían de la altura requerida para que el recluso estuviese de pie normalmente durante su reclusión. Se conoce históricamente, por los testimonios de la Unión Soviética, que estas perreras fueron un invento de Stalin para reprimir a los disidentes rusos.

Alcides Martínez Calzadilla, un expreso político que reside actualmente en Miami y preside el Centro de Derechos Humanos de la Democracia Cristiana de Cuba <CEDEHU>, es un testigo de excepción de esta experiencia represiva, pues estuvo meses confinado en estas celdas-perreras, junto a otros reclusos.

También debemos mencionar a los reclusos que eran trasladados para el Hospital de Mazorra, sin ninguna enfermedad mental, para aplicarles el temible electro-shock, como medida represiva sicológica.

En fin, algún día no muy lejano, se sabrá con abundantes testigos de excepción, todas las torturas del régimen despótico de Fidel Castro.

Lo mismo le pasó a Stalin en Rusia, a Pol-Pot en Cambodia, a Ceascescu en Rumanía y a Hitler en Alemania.

Pensaron que sus torturas bárbaras y sin clemencia pasarían desapercibidas. Pero no fue así, pues los tribunales correspondientes, se encargaron posteriormente de juzgarlos adecuadamente.

Mientras tanto, mostremos la mayor solidaridad humana, en todos los frentes posibles, con Oscar Elías Biscet que está propuesto para recibir el Premio Príncipe de Asturias para la Concordia.

Biscet representa realmente lo más puro de la reserva moral del pueblo cubano en estos momentos.

Y Fidel Castro, el torturador por excelencia.

EN MEMORIA DE OSWALDO RAMÍREZ [24]

Nunca he sido muy simpatizante de poner nombres de personas vivas a las calles de la ciudad vinculadas con el quehacer cotidiano y reconocidas por alguna rasgo circunstancial.

Entre otros argumentos, por respeto a la ciudadanía ajena y por consideración con el sentido dinámico y variable de la vida común.

«Los vivos vivos son y pueden cambiar drásticamente antes de caer al hoyo», dice sabiamente el refranero español.

Sin embargo, sí he apoyado con entusiasmo que se usen nombres de mártires de causas justas y de luchadores por la libertad de los pueblos para identificar el nombre de una vía peatonal o comunicacional.

Hace exactamente tres días, bajo la gestión del popular comisionado Javier Souto, se efectuó una justa y emotiva ceremonia en la avenida 112 del suroeste de Miami, entre las calles 40 y 56, para bautizar ese tramo con el nombre de Oswaldo Ramírez, inolvidable guerrillero cubano que se opuso con bravura a la dictadura de Fidel Castro.

Pero algunos más jóvenes o más entretenidos se podrían preguntar con cierto asombro, ¿quién es este Oswaldo Ramírez que acaba de ser elegido para que una calle de Miami evoque su nombre?

Pues Oswaldo Ramírez nació en los Guayos, provincia de Las Villas. En el año 1958 se alzó en las montañas del Escambray para combatir a la dictadura de Fulgencio Batista. En el verano de 1960, siendo capitán del cuerpo de la Policía Nacional Revolucionaria se alza nuevamente en el Escambray para combatir la traición de Fidel Castro a los postulados de libertad y democracia de la revolución de 1959.

La historia guerrillera de Oswaldo Ramírez, excelentemente narrada en el libro «Escambray: una guerra olvidada», del periodista

---

[24] *Diario Las Américas*, enero 17, 2006.

Enrique Encinosa, es un compendio de heroísmo permanente y de ingeniosidad heroica.

Oswaldo Ramírez fue capaz de organizar una fuerza guerrillera con una audacia singular, que se apoyó en una extensa y eficaz red de suministros que puso en jaque a la dictadura comunista cubana.

Cuenta la historia que en una ocasión, Fidel Castro le ofreció amnistía si deponía las armas y la respuesta de Oswaldo Ramírez fue que «deponga el tirano las armas y suba al Escambray a conversar sobre libertades y democracia para Cuba».

La fuerza guerrillera de Oswaldo resistió cercos, infiltraciones, reconcentraciones en zonas campesinas y un ejército enemigo de casi medio millón de soldados.

Lamentablemente la falta de solidaridad y apoyo de los aliados con la causa de la libertad de Cuba permitió que Oswaldo Ramírez, con una fuerza de más de diez mil combatientes, no contara con los recursos necesarios para triunfar en su empeño.

El 16 de abril de 1962 en una cañada en la zona de Los Aromas de Velázquez murió heroicamente Oswaldo Ramírez.

El guerrillero más temido por Fidel Castro y sus fuerzas se cubría de gloria al convertirse en mártir de su patria adolorida.

Felicitamos a la organización «Brothers for Ever» que promovio el bautizo de esa calle de la ciudad de Miami con el nombre de Oswaldo Ramírez.

Merecido homenaje que debe servir de ejemplo a las futuras generaciones cubanas para entender que la libertad tiene un precio muy alto que siempre hay que pagar generosamente para defenderla.

Que el heroísmo y la pasión por Cuba de Oswaldo Ramírez, que fue escrito en la historia cubana con letras de rebeldía y sacrificios, sirva a todo cubano para acercarse a la Patria oprimida y a su pueblo sojuzgado, con ansias de libertad, de justicia y de reconciliación nacional.

Cuba merece un mejor destino y Oswaldo Ramírez con su vida, intentó trazarlo dignamente.

Alberto Muller

AMIGO VIRGILIO[25]

Hermano, hoy se cumplen 30 años de tu muerte y la de Tapita, nuestro Alberto Tapia Ruano, frente al paredón de fusilamiento. Ha pasado desde entonces una generación de historia cubana.

¡Qué honroso hacer este recuento de lo vivido alrededor del acontecimiento heroico que hoy conmemoramos con humildad y recogimiento y que nos estremeció a todos existencialmente!

Recuerdo aquella madrugada fría del mes de abril, que escuché desde el campamento guerrillero de la Sierra Maestra por la radio de onda corta la noticia de tu muerte y la de Tapita.

Un profundo dolor de tristeza laceró mi vida. Nunca olvidaré aquellos minutos que se han prolongado por treinta años y que me acompañarán durante toda mi existencia. Recuerdo que apoyé el rostro entre mis manos y pedí a Dios que perdonara a quienes habían cometido tal injusticia.

Pero en medio de tanto desgarramiento moral, quedó en «pie y junto a las palmas» el compromiso de no abandonar bajo ninguna circunstancia la causa de Cuba.

Y qué estupendo que la amistad fraguada en las mismas aulas de la inolvidable Universidad de La Habana, bajo la inspiración de Manzanita, crecida después en la protesta contra la visita a Cuba de Anastas Mikoyán y consolidada en la militancia riesgosa del Directorio Revolucionario, siga hoy vigente con una fuerza espiritual tremenda, aunque tú no estés presente!

Misterios de la bondad infinita de Dios.

Tengo fe, Virgilio. Sé que los sacrificios no han terminado, pero siento que hay un futuro luminoso para Cuba con el que tenemos que

---

[25] *Diario las Américas*, abril 21, 1991.

estar hondamente comprometidos. La crisis de la nación cubana es honda, pero superable.

Hoy se cumplen 30 años de aquel minuto formidable, que con un coraje sereno y voz de profeta le gritabas a Cuba amorosamente en la presencia de los fusileros:

¡Viva Cuba Libre, Viva el Directorio Revolucionario, Viva Cristo! Marcaste en los muros de la historia cubana un precedente único de valor, fe y amor pleno.

Pienso que nos dejaste a todos un reto de hombre, un camino de historia y un inmenso sentido de servicio para nuestras vidas en función de la patria.

Confío en que pronto estaremos en Cuba en la ardua responsabilidad solidaria de servir en el escenario vivo y real. Añoro dejar atrás estas playas generosas, pero extrañas, del destierro.

Los acontecimientos del derrumbe totalitario en Europa del Este y los cambios en la Unión Soviética han variado algunos patrones estratégicos. El andar pacífico del pueblo parece tener más viabilidad que la confrontación violenta. De todas formas, para nosotros lo válido son los principios, la estrategia es sólo el medio.

Créeme que no descansaré, junto al resto de los amigos, hasta lograr que tus sueños de una Cuba libre sean una hermosa realidad nacional. Gracias por tu entrega, tu entereza y tu formidable pedazo de historia, que es de todos.

Saludos a «Tapita», a Juanín, a Marcelino, a Ernesto, a Porfirio, a José Antonio y a tantos hermanos que ya descansan en paz. Que Dios permita que algún día nos reunamos todos.

Tu amigo de siempre

Alberto

JOSÉ IGNACIO RASCO [26]

A teatro lleno y con la presencia de un amplio abanico representativo de intelectuales, escritores, dirigentes políticos, guías religiosos y cubanos de a pie de la Cuba exiliada, Ediciones Universal presentó el sábado pasado en el Koubec Center de la Universidad de Miami, su más reciente publicación literaria: *«Huellas de mi Cubanía»*, que es una ingeniosa recopilación de artículos periodísticos de José Ignacio Rasco.

El libro recorre y devela con aguda inteligencia rincones precisos de la historia cubana alrededor de la pesadilla del castrismo.

Y tengo que confesar que aunque la publicación es una pieza de suma importancia en la literatura cubana para entender los entuertos de la Cuba comunista, no me gustó el título del libro, entre otras cosas porque las huellas tienden a borrarse y José Ignacio Rasco más que huellas, deja un legado perdurable a la historia cubana que nos ha tocado transitar.

Como ávido lector me hubiese gustado leer una biografía de este hombre sencillo y decente que ha hecho de su amor a Cuba un compromiso permanente.

Conocí por referencias cercanas los andares de José Ignacio Rasco en aquellas horas inquietas de Pro-Dignidad Estudiantil, cuando un grupo de universitarios de filiación cristiana intentaron sanear el ambiente gansteril que merodeaba por la Universidad de La Habana alrededor de la década de los 50.

Fue José Ignacio en esa gesta moral un precursor del inolvidable José Antonio Echeverría. Después José Ignacio fue parte del esfuerzo del Movimiento de Liberación Radical en 1957 por encaminar a Cuba por senderos de legalidad democrática.

---

[26] *Diario Las Américas*, 2002.

¡Cuánta sangre se hubiese ahorrado Cuba si la dictadura innecesaria de 1952 hubiese permitido que el libre juego democrático eligiera a don Carlos Márquez Sterling, ese gigante moral de la historia cubana del siglo pasado, como presidente de la República de Cuba!

Y estos dos momentos llenos de coraje y visión de futuro en la vida de José Ignacio Rasco no son huellas que se borran, sino que representan el legado temprano en la vida de este hombre público.

Cuando triunfa el proceso revolucionario de 1959 y casi todo el pueblo cubano se plegaba a la ciega marea revolucionaria del momento, José Ignacio Rasco, junto a Enrique Ros y Laureano Batista, entre otros, crean con una visión histórica indiscutible el Movimiento Demócrata Cristiano de Cuba, que posteriormente sería pieza clave en la fundación del Partido Democrático Cristiano de Cuba.

Y este gesto tampoco es una huella aislada, sino que representa parte del legado de gobernabilidad democrática que José Ignacio Rasco siempre ha soñado para su isla.

Ya posteriormente en el exilio José Ignacio Rasco es fundador del Frente Democrático y después del Consejo Revolucionario para organizar la ardua lucha contra el comunismo en Cuba.

Recuerdo que tuve el altísimo privilegio de ser parte de la delegación del Frente Democrático, presidida por Rasco, ante la reunión de cancilleres de la OEA en el año 1960 en Costa Rica. En dicha reunión se logró que la Federación de Estudiantes Universitarios costarricenses emitiera la primera condena latinoamericana a la Cuba castrista por desviar el proceso revolucionario hacia el comunismo.

Después José Ignacio Rasco participó en la invasión por el norte de Cuba en la embarcación «El Patoño» para apoyar el desembarco de Playa Girón. Y desde entonces no ha descansado en condenar al comunismo cubano en todos los cónclaves internacionales de las últimas décadas.

Y esto, repetimos, no son simples huellas, sino que es parte del legado de un hombre que no ha tenido pausas ni vacilaciones en su peregrinar por Cuba.

Recuerdo en una ocasión que el reconocido periodista Tom Brokaw me preguntó:

¿Si el castrismo se derrumba, como ha ocurrido en Europa del Este y en la Unión Soviética, quién podría ser el próximo presidente de Cuba?

Le contesté sin demora: José Ignacio Rasco. Enseguida recuerdo que escribió una anotación en su libreta de apuntes y me contestó: «Rasco is the antihesis of Fidel Castro».

Y es verdad, se podrá coincidir o discrepar de sus ideas, pero en José Ignacio Rasco hay decencia, compromiso, cubanía, humanidad, posibilidades de diálogo, sentido de familia, respeto al prójimo, honradez y una extensa capacidad intelectual.

Léanse este libro «Huellas de mi Cubanía», pues aunque discrepemos del título escogido por la casa editora, es un libro para entender los entuertos caóticos de la Cuba actual.

LUIS MAYATO
(GENERAL DE TODAS LAS ESTRELLAS)[27]

Querido hermano del alma:

Vuelvo a hacer otra excepción, como lo hice con mi Padre, y te escribo aunque hayas fallecido. Tengo la certeza de que esta carta no necesita sobre ni sello postal. Es como un hablar directo, sin testigos y, cosa curiosa, hablar del mismo tema.

Nos conocimos aún adolescentes, en medio de esas mordeduras torpes y dictatoriales que trituraban inmisericordemente nuestra Isla. Y siempre hablábamos del dolor de Cuba.

Nunca con un amigo, más vale decir hermano, he hablado tanto de la patria. Por eso te voy a extrañar tanto, porque para algunos el tema de la patria se ha hecho distante y aburrido.

¡Te acuerdas los años del combate universitario: La Plaza Cadenas; Mikoyan; el Parque Central; Trinchera; cuando saliste de la clandestinidad para llevar un documento al exilio y después regresar.

El puño lleno de ilusiones para abrirlo con respeto a todos. La mente repleta de reclamos justos y de sueños solidarios. Cristo empozado en el alma. La traición de Fidel a la revolución que todos quisimos para liberar a Cuba.

Me honra grandemente haberte acompañado en la lucha revolucionaria. Me siento orgulloso de haber compartido contigo los riesgos del combate. Me alienta la reciedumbre de espíritu y la alegría con que enfrentaste la enfermedad de casi toda una vida.

Esas duras laceraciones que tanto golpearon tu salud, nunca fueron pretextos para resentimientos inútiles, ni para esos cambios tan frecuentes en muchos que sustituyen el dolor de la patria por un frágil destino de prosperidad material y de olvido nacional.

---

[27] *Diario Las Américas*, octubre 28, 1988.

Moriste desterrado general de todas las estrellas. Tus grados no necesitaron de escuelas superiores, ni de escalafones, ni de sumisiones acomodaticias.

Eres general en bondad humana, en valor personal, en lealtad a tus ideas, en pureza de intenciones, en amistad, en tu infinito amor a Cuba.

Por eso todas las estrellas hoy se inclinan respetuosas a brindarte en sus alturas todo el merecido reconocimiento a tu jerarquía humana.

¡ Qué hermoso verte partir sabiendo que nunca caíste en la tentación de abrazarte a otras tierras por atractivas que sean! Moriste cubano sin ceder un ápice en tu ideal patrio. El ejemplo de Félix Varela latió en ti hasta el último suspiro de vida.

Adiós, hermano del alma. Te prometo cumplir con lo que me pediste en nuestra larga conversación en el hospital unos días antes de marcharte. Sé que es una complicada misión. Espero tener la sensatez, el equilibrio y el valor para cumplirla.

Ayúdame en tus oraciones para no apartarme del camino trazado con tu vida de compromiso perenne con Cuba.

Te agradezco que me hayas permitido el derecho a sentirme otro hijo de tu madre bondadosa y santa. Cuidaré de ella, conjuntamente con tus familiares y amigos, con el celo merecido. Adiós, general de todas las estrellas.

Saludos a Juanín Pereira, a Virgilio Campanería, a Porfirio Ramírez, a Pedro Luis Boitel, a José Antonio Echevarría y a todos los compañeros de esa estupenda lista de mártires de Cuba.

Me faltas, Mayatón, pero como Cuba sigue doblada en su dolor tiránico de cuatro décadas me sobra con tu recuerdo para seguir andando con amor y alegría por los caminos de la patria.

Espero no defraudarte, al igual que tantos de tus buenos amigos que seguirán las huellas honrosas de tus pasos. Con hombres de tu entereza y honradez, el pueblo de Cuba encontrará el destino decoroso de la libertad. Créeme triste, pero orgulloso de ti.

Tuyo. Tu hermano del alma.

Alberto

REFLEXIONES SOBRE MI HERMANO FALLECIDO (FRANCISCO MÜLLER JR.)[28]

Hubiese deseado viajar recientemente a la tierra que me vio nacer, sólo para compartir con los míos el hondo sufrimiento que representa el fallecimiento de un ser querido y ayudar con mis manos entristecidas a cubrir de tierra restos de presencia.

Obviamente no me fue posible. Un ciudadano de mi país, con su pasaporte vigente y sin poseer otra nacionalidad residente en el exterior, no puede viajar a él, sin previo chequeo de selección.

Mi hermano mayor murió tranquilamente como nuestro padre, de un infarto a los setenta años. Ambos tenían el mismo nombre de mi abuelo. Curiosa tradición de repetir el nombre, de prolongarlo.

Ahora contemplo el mar y veo cómo las olas llegan a la orilla y se pierden en un abrazo de presencia con la arena. La tarde está llena de nubarrones, como tantas tardes en ese largo peregrinar de la vida.

A pesar que UNESCO, el organismo educacional de las Naciones Unidas, conmemorando su medio siglo de existencia ha bautizado a 1995, como el Año Internacional de la Tolerancia, aún existen algunos países sobre el planeta Tierra que se rigen por requisitos de discriminación y miedo con el pensar ajeno.

Al principio de la historia, el hombre y la mujer vivían entrelazados a la naturaleza. Por eso identificaban a Dios con los signos corporales del Fuego, el Agua, la Tierra y el Sol. Los griegos posteriormente concibieron un Dios cósmico. La Edad Media esquematizó una supuesta lógica de Dios. Y el modernismo ha pujado infructuosamente por olvidarse de Dios.

---

[28] *Diario Las Américas*, abril 11, 1995.

Pero Dios, misericordioso, imperturbable e infinito, sigue presente en la misión de nuestro rumbo por la libertad moral que genera nuestra peculiar existencia, preñada de talentos y de carencias.

La vida es todo un tránsito que empieza en el amor íntimo de dos personas, se planifica en la desnudez maravillosa del nacer de vientre, se desarrolla en el andar apresurado, y finaliza en el momento sublime y misterioso de morir.

El sentido contemporáneo más común de la palabra tolerancia es el respeto y consideración hacia las opiniones e ideas de los demás. Una persona o un sistema tolerante son los que son capaces de consentir diferencias. Tal vez tolerancia sea el término que mejor defina la cultura de la democracia. No hay democracia sin respeto al sentir del otro.

Dice el preámbulo de la Carta de las Naciones Unidas, «que hay que practicar la tolerancia para mantener la paz, la justicia y el respeto de los derechos y promover el progreso social».

Ahora una llovizna fuerte está cayendo sobre el atardecer para finalmente en otro abrazo de presencia humedecer de tristezas el pavimento y la copa de los árboles. Las aves se han recogido. Mi hermano mayor murió tranquilamente. Era un experto en la cría de palomas y canarios. Lo recuerdo distante, pues cuando yo descubría los sueños primerizos de la juventud, él era un ser adulto, ya en compañía de su fiel esposa.

Después vino la otra separación por el largo presidio. Y al final, la última y definitiva distancia, por esta larga y cuajada intolerancia que llaman destierro o exilio. Es casi lo mismo, ya que ambos nos exigen residir en una tierra que no es la nuestra.

Comienzan a encenderse con el atardecer las luces de esta pintoresca ciudad de Miami. Tal vez Santa Fe, donde vivió y murió mi hermano mayor, esté a oscuras y triste por falta de petróleo y de tolerancia. Pero esas mismas luces se apagarán al amanecer del otro día. Todo en la vida es efímero y pasajero. Inclusive el poder más absoluto y abusivo, ya sea material o público, tienen un término de existencia.

Sin embargo, cuando amanezca mañana, la luz del sol saldrá para todos. Lo mismo para tolerantes que para intolerantes. La tierra fresca que abriga celosamente los restos de mi hermano mayor, se calentará entonces de nuevas esperanzas sensibles y de hondura espiritual.

Pienso que Dios, en su estupendo amor de presencia, no hace excepciones. Él involucra y abarca a todos los seres humanos. Tal vez este año de la Tolerancia servirá, al menos, para insistir y recordar que las luces de la ciudad más bella se apagan abruptamente cuando la luz del sol surge en el amanecer.

Mi hermano mayor murió tranquilamente como nuestro padre. Tengo fe en que estén juntos.

FRANCISCO: INTEGRIDAD Y CUBANÍA [29]

No será posible escribir la historia cubana de los últimos cincuenta años, si prescindimos de quienes, desde una posición ética de servicio íntegro a la Patria, como FRANCISCO, entre otros, se ofrecieron desde el mismo triunfo de la revolución en 1959, para que Cuba fuese verdaderamente libre y soberana.

Es casi una ley injusta del acontecer que, con cierta frecuencia, la historia la escriben los vencedores de la toma del poder, no importa que ese triunfo esté plagado de autoritarismo y violaciones monstruosas de los derechos humanos, como ocurre con el proceso comunista castrista en Cuba y como ocurrió con el proceso estalinista de la Unión Soviética.

Ya con el derrumbe del comunismo en Rusia y en Europa del Este y el advenimiento de la libertad en esos países, el rostro opresor de la tiranía totalitaria se ha conocido en detalles de criminalidad, lo que ha permitido que Stalin, conjuntamente con Adolfo Hitler, sean considerados los autócratas totalitarios más relevantes del Siglo XX.

No abrigamos ninguna duda, que al igual que ha ocurrido en estos países del comunismo europeo y en la Alemania nazi, cuando el mundo pueda conocer todos los detalles de la represión, los horrores y las improvisaciones desintegradoras del régimen de Fidel Castro, éste pasará a ser parte de la misma consideración, como el dictador más inescrupuloso y criminal del continente americano.

Pero volvamos al personaje que ocupa la atención de esta viñeta periodística. FRANCISCO no era su nombre de bautismo, pero todos los cubanos que vivieron y sufrieron en carne propia aquella etapa del esfuerzo monumental por evitar que la revolución cubana tomara el rumbo totalitario y comunista, lo conocían y respetaban por su nombre

---

[29] *Diario Las Américas*, Enero 21, 2008.

de guerra. En su fe de bautismo aparece inscrito como Rogelio González Corzo.

Aquel vuelco inesperado del acontecer cubano, cuando Fidel Castro entregó todo el país y la Revolución triunfante a los imbricados mecanismos de terror del poder comunista soviético, será inscrito en la historia cubana como una página de traición bochornosa ineludible.

Una inmensa mayoría de los dirigentes democráticos del proceso revolucionario, se rebelaron ante el sorpresivo atropello a la libertad. Y es entonces cuando FRANCISCO es designado para asumir la responsabilidad de coordinar a todas las fuerzas revolucionarias y cívicas del clandestinaje cubano, para detener la traición que se fraguaba aceleradamente por entregar la revolución cubana a ideas extranjerizantes.

Por su carácter afable, inteligencia aguda y fortaleza de espíritu, FRANCISCO asumió la coordinación del Frente Revolucionario Democrático (FRD), que posteriormente se convertiría en el Consejo Revolucionario (CR), que durante los años de 1960 y 1961 aglutinó a todos los sectores involucrados en el proceso de liberar a Cuba de la amenaza marxista leninista.

Mientras, en el exilio, un contingente de cubanos se entrenaba apresuradamente en Centroamérica, bajo la autoridad moral del FRD y con la asesoría técnica del gobierno de los Estados Unidos. El objetivo, acordado mutuamente de esta fuerza de exiliados cubanos, era fortalecer militarmente a los sectores revolucionarios de la resistencia armada, que se encontraban organizados y combatiendo en la clandestinidad y en distintos frentes guerrilleros del territorio cubano al régimen dictatorial de Fidel Castro.

En esta empresa, revolucionarios y hombres públicos de la talla de Aureliano Sánchez Arango, Antonio de Varona, Humberto Sorí Marín, Tony Santiago, Eufemio Fernández, Justo Carrillo, José Miró Cardona, Laureano Batista, José Ignacio Rasco, Manuel Artime, Pedro L. Díaz Lanz, Bebo Acosta, Nino Díaz, Alfredo Izaguirre, Raúl Chibás, Jorge Sotus, Ñongo Puig, Oswaldo Ramírez, Enrique Ros, Felipe Pazos, Pedro Luis Boitell, David Salvador, Juan Manuel Salvat, Porfirio Ramírez y Manolo Ray, por mencionar sólo a algunos, formaron la hornada, que bajo la coordinación de FRANCISCO intentaron la liberación cubana.

Por esos avatares incomprensibles de la historia, el compromiso inicial del gobierno norteamericano de entrenar a los mil quinientos cubanos aglutinados por el FRD para el esfuerzo liberador dentro de Cuba, que consistía en dar apoyo técnico, humano y logístico a los doscientos mil cubanos organizados en la clandestinidad y a los más de diez mil guerrilleros alzados en diferentes puntos montañosos de la isla, tuvo un cambio inoportuno de 180 grados a principios de 1961, y su prioridad se desplazó, en lugar de fortalecer a las fuerzas de liberación que coordinaba FRANCISCO, en una fuerza de invasión o penetración liberadora, dirigida desde el exterior.

Lamentablemente esta fuerza se accionó sin la coordinación efectiva con las fuerzas de la resistencia armada de la clandestinidad y el resultado fue la conocida derrota de Playa Girón, que a pesar del heroísmo de sus hombres, terminó siendo un factor de consolidación para el régimen comunista de Fidel Castro.

No podemos ocultar que FRANCISCO estuvo en descuerdo con este cambio inconsulto y lo consideró un error mayúsculo, pues desplazaba el poder soberano de los revolucionarios y demócratas cubanos, que eran quienes conocían el escenario operativo de la confrontación, a niveles de conducción inapropiados, desde donde se desconocía la dinámica del proceso que se gestaba exitosamente por fuerzas revolucionarias internas contra el gobierno castrista.

Precisamente, en el momento de la invasión frustrada en Bahía de Cochinos, FRANCISCO y todas las fuerzas que se aglutinaban entonces bajo el Consejo Revolucionario, se encontraban enfrascados en fortalecer los frentes guerrilleros en las montañas del Escambray y de la Sierra Maestra, en activar la toma militar de las ciudades de La Habana y de Santiago de Cuba, con acciones estratégicas demoledoras para el castrismo en toda la isla, y en estructurar un gobierno civil revolucionario que asumiría las riendas de la nación cubana.

Si el valioso material humano de los cubanos que integraron la invasión de Playa Girón, se hubiese utilizado en los planes de la resistencia interna, otra hubiese sido la historia cubana y Fidel Castro no hubiese disfrutado de medio siglo en el poder.

Debo decir que tuve el altísimo privilegio de conocer y ser amigo de FRANCISCO en la Universidad de La Habana, en la Agrupación Católica Universitaria y posteriormente junto a Humberto Sorí Marín y Manuel Artime, en los trajines del desarrollo agrícola y de la alfabetización al triunfo de la Revolución de 1959.

FRANCISCO tiene un sitial en el futuro democrático cubano, pues fue un precursor de la liberación ansiada, que confiaba en la unidad dentro de la diversidad de pensamientos, que debe convivir civilizadamente en una Cuba democrática.

FRANCISCO murió ante el paredón de fusilamiento dando fe de sus creencias cristianas y de su confianza en el porvenir de la Patria.

Sé que algunos compañeros, con fe puesta en la historia verdadera, elaboran un proyecto de museo para recordar a la heroica brigada que combatió en Playa Girón.

Permítanme sugerirles con el mayor de los respetos, que el Museo debería denominarse Museo Francisco, pues sería más inclusivo y más acorde con el esfuerzo amplio de todos las vertientes de cubanos que ofrecieron sus esfuerzos y sus vidas en aquella etapa primeriza de la liberación cubana.

El Museo Francisco debe ser un monumento al sacrificio de todas las generaciones de cubanos y un estímulo a la unidad en la diversidad del pensamiento de la Cuba futura.

Pienso que FRANCISCO es el cubano, sin demeritar a otros grandes, que con más humildad, coraje y espíritu de sacrificio, representa las ansias de libertad y de paz de todo el pueblo cubano.

Honremos su memoria.

SILENCIO POR ENRIQUE BALOYRA[30]

El Sol de Cuba, adolorido y quejoso, ha pedido perdón a sus palmas, a sus playas y a sus brisas, porque anda de luto. Sencillamente ha muerto un hijo honrado y fiel de la Patria.

La muerte inesperada de Enrique Baloyra en Miami (el viernes pasado), a consecuencia de un aneurisma cerebral, deja un vacío inescrutable en el alma nacional cubana y una tristeza latente entre quienes tuvieron el privilegio de conocerlo de cerca.

Sus amigos en los andares de vida y en los quehaceres políticos y universitarios, lo querían con hondura afectiva. Y sus adversarios o discrepantes, lo respetaban por su honradez, su compromiso y su inteligencia.

Sólo Dios, en sus tesoros misteriosos de misericordia y bondad, puede sugerir un alivio, un descanso, un amanecer a la esperanza.

Baloyra pertenece a esa generación atrapada y sufrida de Cuba (1950-1960), que por negarse a participar en esas orgías oscuras de «sacudones de matas», de «paredones de muertes» o «marchas de odios milicianas», tuvo que crecer y padecer bajo el rigor rencoroso de la represión sistemática del comunismo totalitario.

Desde muy joven, Enrique Baloyra tomó en su mano un puñado de tierra cubana, que no soltó nunca ni siquiera a la hora de morir. Por eso lleva a su tumba la dicha infinita de ese olor intenso a guayaba, a tabaco y a ron de su tierra natal.

En 1960, apenas un adolescente, Baloyra se suma a las filas del Directorio Revolucionario Estudiantil, en un intento valeroso por evitar la pesadilla comunista que asomaba tramposamente en su país.

Baloyra se involucra en esa línea de pensamiento cubano que nace en el Padre Varela, de los que «nada piden prestado» para ser cubanos

---

[30] *Diario Las Américas*, julio 29, 1997.

y que además proclaman el evangelio del amor y la reconciliación ciudadana.

Así, con esta base moral recibida en el hogar de sus padres, después continuada en las aulas de los Hermanos Maristas y consolidada en los salones de estudio de la Agrupación Católica Universitaria, llega al exilio.

Su brillante carrera profesional y profunda cultura académica lo convierten en doctor en Ciencias Políticas de la Universidad de la Florida en Gainsville, cuyos conocimientos puso sin pausa ni requiebros al servicio íntegro de su país.

Baloyra fue un miembro destacado desde sus inicios del Instituto de Estudios Cubanos (IEC), que no ha descansado en su escudriñar del quehacer cubano. También fue fundador del Centro de la Democracia Cubana y de la Coordinadora Social Demócrata, que junto a la Unión Liberal y el Partido Demócrata Cristiano de Cuba integran la Plataforma Democrática Cubana desde el año 1991.

A su vez fue un colaborador entusiasta de Forum XXI, un grupo muy serio y profesional que se dedica al estudio de los asuntos cubanos.

Por su agudeza intelectual y disciplina investigativa, Baloyra se convirtió en un experto en transiciones políticas hacia la democracia. Era consultado frecuentemente por la organización de Estados Americanos (OEA), el Centro Carter y el Banco Mundial, entre otros organismos de prestigio internacional. Deja publicados importantes tratados académico-políticos sobre la problemática cubana.

Quiera Dios permitir, en su infinita grandeza, que el sol de Cuba extienda esa sombra de paz y de consuelo a su inseparable esposa Clarita, a sus cinco hijos, Clara María, Enrique Ignacio, José Luis, Patricia María, Teresa y a su anciana madre, que sobreviven a esta tragedia familiar y humana.

Silencio, ha muerto Enrique Baloyra, un hijo honrado y fiel de la Cuba sufrida. Descanse en Paz.

CONVERSANDO CON YOANI, PREMIO ORTEGA Y GASSET [31]

En días pasados pude conversar por teléfono con Yoani Sánchez a raíz de que el gobierno de Raúl Castro, con torpeza de topo alucinado, le negara la visa para viajar a Madrid a recibir el merecido Premio Ortega y Gasset sobre Periodismo en Internet, que otorga el prestigioso periódico El País de España.

El intercambio de palabras con Yoani, entre preguntas y respuestas, fue cordial y varias cosas me sorprendieron de esta joven cubana: su excelente dicción, su amplio vocabulario, la sensatez y precisión de sus juicios, el apego a su generación, el inmenso cariño a su tierra cubana y la humildad con que ha recibidos las dos distinciones, el Premio español y el haber sido seleccionada por el New York Times, entre las 100 personas más influyentes del mundo.

Yoanis se confiesa parte de esa GENERACIÓN Y, que nació en Cuba durante la década de 1970 o después, con nombres como Yanelis, Yoandri, Yocasta, Yumasandra, entre otros, y que inevitablemente tiene esa cicatriz imborrable de la libreta de racionamiento, de los balseros o salidas ilegales, de la escuela al campo, de la persecución oficial a los intelectuales disidentes, del encarcelamiento y maltrato a los homosexuales, de los rígidos muñequitos rusos, del presidio político y de la frustración por el autoritarismo reinante, que en lugar de construir al hombre nuevo, por un arte de birlibirloque, lo que ha hecho es pisotearlo sin clemencia.

La generación de mis padres, dice Yoanis, fue la generación del desencanto, la mía ha sido la generación del cinismo y la generación de mi hijo Teo, es la generación de la doble moral.

Yoanis estudió Filología Hispánica y de su curso, que eran veinte estudiantes, apenas quedan ocho en Cuba. Su página de Internet o

---

[31] *Diario Las Américas,* 12 de Mayo, 2008.

BLOG la creó en marzo del 2007, en un simple esfuerzo de solidaridad con una protesta de intelectuales, conocida como la Guerra de los E-Mails.

Al principio, hace apenas un año, su página electrónica o BLOG, fue una especie de terapia personal. Pero poco a poco, Yoanis se percató, que escribir sus viñetas sobre la contradictoria realidad cubana, eran «su razón de existir para tumbar los muros y edificar el país en el que le gustaría vivir».

Yoanis enfatiza con seguridad que no es política. No se siente ni de izquierda ni de derecha. Y no se siente atada a las generaciones pasadas, en la que incluye obviamente a la del castrismo, la más paternalista y autoritaria de todas.

Ella se siente de los de abajo. Y el término que más le agrada usar para identificarse es el de ciudadana, ciudadana de a pie. Yoanis, sin apenas percatarse, es parte de esa corriente novedosa muy reciente, que se denomina, periodismo ciudadano. Y este periodismo vigilante y directo es un gran reto, porque le permite mantener la candidez y hablar en primera persona, según ella.

En el fondo de su ser, Yoanis ve al régimen castrista agotado e incapaz de proveer al país de realidades concretas, mínimamente reconfortantes. Por eso le gratifica sobremanera ver al ciudadano convirtiéndose en el epicentro de la vida misma.

Su generación llegó al escenario social, insiste, con el derrumbe del Muro de Berlín y la aspiración es sacudirse del paternalismo imperante en el país.

Desde que la agencia Reuters la entrevistó acerca de su BLOG, las entradas a su página de Internet se han elevado a millones y las visitas son varios cientos de miles diarias.

Por eso señala Yoani, que vive dos vidas, una virtual y la otra vida real. La vida real se concentra en su barrio, en el vecino, en las necesidades, en el miedo, en la libreta de racionamiento; y la virtual es lo gratificante de decir lo que uno piensa en el Internet, sin que te pase nada y te puedan leer muchos.

La vida real en Cuba produce angustias y la vida virtual me ha servido para obtener estos dos premios que, jamás habría imaginado recibir, y que son parte de los nuevos métodos pacíficos de mantener la frescura del discurso, para abrir grietas al muro.

Yoanis no piensa irse de Cuba, porque insiste que su vida no está en otra parte, sino en Cuba, pero le molesta con hondura que el régimen castrista trate a los ciudadanos como a niños, a la hora de no permitirle entrar y salir del país.

Agradezco a Yoani Sánchez esta oportunidad periodística, en la cual me apoyo para presentar a mi amigo lector, su perfil humano no contaminado, que pienso que es también el perfil de su GENERACIÓN Y.

El destino próximo de Cuba, por ley de sucesión generacional, está en manos de ellos.

A la gerontocracia que gobierna Cuba le sobran armas para mantener el autoritarismo y las brigadas que arrastraron recientemente a las Damas de Blanco en la plaza pública, por un tiempo, pero les falta vitalidad moral y carecen de sucesores, para que ese tiempo de acosos sistemáticos, se prolongue mucho.

La frescura y la libertad de Cuba está definitivamente en la GENERACIÓN Y.

III

CULTURA E HISTORIA

PERFILES

HENRY CARTIER: EL OJO DEL SIGLO XX[32]

Una simple cámara fotográfica puede ser un instrumento decisivo para captar el dolor y los respiros de una sonrisa.

El siglo XX va quedando en la memoria reciente como una era de violencias inusitadas y tenebrosas. Las ansias desenfrenados de poder que generó el modernismo materialista con los totalitarismos nazista, comunista y las dictaduras nacionales, dejan en el camino la huella sudorosa y sangrante de millones de seres humanos indefensos perseguidos, maltratados y asesinados sin el menor rasgo de pudor y de decencia por parte de los captores.

Acaba de fallecer, con 95 años de edad, en su residencia veraniega en la localidad provenzal de L'Isle-sur-la-Sorgue, Francia, Henri Cartier-Bresson, un hombre sencillo, pero un observador penetrante, que con su cámara fotográfica LEICA fue el inventor de captar el «instante decisivo» para convertirse en uno de los maestros de la noticia gráfica.

Muchos han llamado a Henry Cartier «el ojo del siglo XX, el padre de la fotografía moderna, porque le apasionaban los perfiles, las sombras, el justo equilibrio de la luz, el vacío, las curvas y la espontaneidad humana.

Si a los represores del siglo XX el nazismo, el comunismo y las dictaduras nacionales lo que les interesaba para consolidar sus ansias brutales de poder era aplastar al ser humano y hacerlo desaparecer de la escena, a Cartier-Bresson con su cámara fotográfica lo que le interesaba era captar el instante del ser humano para dar vida a la escena.

¡Todavía su foto de 1945 en el campo de concentración nazi en Dassau golpea la conciencia universal como un recuerdo imborrable del dolor de todos!

---

[32] *Diario Las América*, 10 de agosto de 2004.

Cuando viaja a Costa de Marfil en 1931 descubre con sus fotos los perfiles acuciantes del colonialismo.

Fue a partir de ese viaje, del cual regresa enfermo, que aprendió la fuerza instantánea en la cámara fotográfica. El insistía en que la foto era más rápida que el ojo humano, ya que no tenía distracciones posibles.

A partir de entonces su cámara LEICA se convierte en su amante inseparable y adorada. Ya en 1934 expone su colección de fotos en Nueva York y Madrid.

En esa época, confiesa, todos éramos de izquierda. Pero posteriormente en un acto de sinceridad sin límites, añade que por ser de izquierda no había nada de qué avergonzarse, pero tampoco de qué vanagloriarse.

Henry Cartier fue hecho prisionero en 1940 por los alemanes durante la Segunda Guerra Mundial. Tres años después se escapa y se integra a la Resistencia Francesa.

En toda esa época capta fotos maravillosas de la liberación de París, en agosto de 1944. Después obtiene fotos de enorme impacto sobre las contradicciones de la Unión Soviética cuando se destapan los crímenes de Stalin. También obtiene imágenes fotográficas muy impactantes sobre China y la marcha de Mao. Sus fotos sobre los funerales de Ghandi se consideran fotos maestras de la historia gráfica.

Todo el secreto de la foto, decía Cartier-Bresson, se concentra en atrapar con la paciencia del pescador y el rigor del científico las imágenes con sus sombras en armonía. Por eso rechazaba poner su trabajo al servicio de una idea y le horrorizaban las imágenes maquilladas para una tesis.

El Mahatma Ghandi recibió a Cartier en la India para ver una colección de sus fotos. Ghandi le preguntó entonces por el sentido de una foto del poeta místico Claudel, que el Mahatma miró con profundo silencio, como si rezara una oración íntima a Dios.

Cartier le contestó que el sentido de esa foto estaba en la muerte, en la muerte, repitió dos o tres veces con respeto y admiración.

Los dos amigos se despidieron, el Mahatma Ghandi fue cobardemente asesinado menos de una hora después.

Dicen que Cartier leía mucho para estar en contacto con la vida cotidiana, pero le resultaba difícil trabajar con periodistas, pues estos se demoran horas lo que la cámara podía captar en instantes por el fulgor de su mirada.

Cartier-Bresson era un hombre cortés a quien no le gustaba discutir. Se sentía muy a disgusto en Estados Unidos porque, según él, se hablaba poco de la muerte. No así en España o en México donde hablar de la vida y de la muerte era un proceso de absoluta naturalidad.

Debo confesar que guardo un enorme respeto por el trabajo fotográfico de este profesional del «instante decisivo» que acaba de fallecer.

Mientras perfilo el epílogo de esta viñeta periodística, no dejo de mirar «El Palomero», una foto espectacular llena de perfiles, sombras, mirada anciana y palomas, que me regaló el amigo fotógrafo Iván Cañas hace unos años y que me hace recordar con devoción la obra fotográfica e inolvidable de Cartier-Bresson.

Sumidos en esta incertidumbre del terrorismo, que no es más que una herencia residual de la violencia del siglo XX que ejecutaron con frialdad matemática los regímenes de fuerza, podríamos esperar que Cartier nos mande una foto reciente con el rostro entristecido de Dios.

HOMENAJE AL MAESTRO ARENAS BETANCOURT [33]

Recibo con profundo pesar, durante la recién terminada Feria Internacional del Libro de Miami, la noticia de la muerte de este colombiano ilustre de las artes.

Y sin esperar por verificaciones de fechas, causas y lugar, he aqui mi homenaje sincero a ese maestro que ha dejado sus huellas grabadas en nuestras calles polvorientas de América y que todos conocemos por Arenas Betancourt.

Cuánto agradezco al amigo profesor y ensayista Otto Morales, que me haya acercado a la obra monumental y al estupendo ser humano que fuera en vida el maestro Arenas Betancourt.

La íntima amistad de estos dos actores del drama americano, uno ensayista, Morales, y el otro escultor, Arenas, que conformaban un raro equilibrio de sensibilidad atrevida ante las aspiraciones de nuestros pueblos mestizos, hacía imposible que se conociera a uno y se ignorara al otro.

Arenas Betancourt ha demostrado con su obra que la inteligencia y la libertad son una dialéctica interna inseparable del ser humano. En las décadas de predominio militarista y ahogo de la libertad en América Latina, con Odria en Perú, Pérez Jiménez en Venezuela y Trujillo en Santo Domingo, para sólo citar tres ejemplos, produce el maestro Arenas en la Universidad de Pereira, Colombia, su «Bolívar Desnudo».

Aquella obra escultórica representó un golpe de osadía al mostrar al desnudo al Libertador de América, frente a la oprobiosa criminalidad de los dictadores de turno.

El «Bolívar Desnudo» fue una protesta antológica y genial sobre el héroe en su esencia válida. De esa forma puso en evidencia Arenas

---

[33] *Diario Las Américas,* 5 de diciembre de 1995.

que la dignidad del ser humano vale más que las espadas que se levantaban entonces para reprimir con sangre a los pueblos indefensos.

Su otra creación de altos vuelos, entre tantas de trascendencia histórica, es el «Pantano de Vargas», ubicada en Boyacá. En ella se presenta el compromiso de nuestros próceres en un gesto de audacia suicida por el respeto a la independencia y la eterna lealtad a la libertad. Pienso que esta obra, que tuve el altísimo privilegio de contemplar, es uno de los monumentos escultóricos más conmovedores de la era actual.

También podríamos recordar su «Cristo de Barranquilla», en donde la expresión evangélica de Jesús comparte el dolor humano de todos. Es un Cristo que prefiere ser esclavo y no rey. Y que opta sin pudor alguno, en andar con el amor a cuestas, sin búsquedas de vanaglorias ni triunfalismos. Los Cristos de Arenas están concebidos con la pasión del que prefiere ser libertador y no fiscal.

Su obra «Benito Juárez» es una evocación a no apartarse de nuestras raíces indias y mestizas. Es todo un canto a la vida, que rechaza morir antes de tiempo. Sus distintas versiones de «Prometeo» son un asalto amoroso a esa libertad que vibra en el sentido de cada ser humano.

Su bella obra, «Eva Desnuda», es todo un reto desgarrador a los fariseos de nuestros tiempos. Su «Bolívar, Fuego, Bandera y Alas», es la expresión genuina del dolor cotidiano de todos por ser algo más que instrumentos del tiempo material.

Y su obra «Amantes», es la descarga pura del amor que sólo es entendible en las madrugadas preñadas por gotas de rocío.

Pero el maestro Arenas, además, tiene una obra literaria de valor superior. Su ensayo autobiográfico, «Crónicas de la errancia, del amor y de la muerte», es un libro admirable de durezas y ternuras.

Y su última obra, «Los pasos del Condenado», es la lucha interior del ser humano que diariamente se ve obligado a preparase para morir, cuando en el fondo de su alma reclama el legítimo derecho a vivir.

Es un libro apasionante, que relata los días angustiosos que el maestro Arenas estuvo secuestrado por las guerrillas colombianas. Y «El Condenado», digámoslo en tributo sereno de lealtad al maestro, somos todos nosotros que vivimos bajo el acoso de una violencia desenfrenada que maltrata indiscriminadamente.

Descanse en Paz, ese maestro de la vida, Arenas Betancourt, que supo ser discípulo fiel de la libertad y el amor. Y que luchó con su obra por desmentir las intenciones de la opresión, la violencia torpe y la barbarie que nos llevan a morir en vida.

A CIEN AÑOS DE WIFREDO LAM[34]

Debo confesar que conozco a muchos sagüeros, oriundos de Sagua la Grande, Cuba, ilustres y encumbrados. Y uno de ellos es ese editor de honduras y verdades, que dice llamarse Juan Manuel Salvat.

Pero como Salvat vive, pienso que vivirá por muchos años. Además es gordo y aún no ha cumplido cien años, quiero que el amigo lector me permita honrar a otro hijo de esa misma tierra azucarera de la región central de Cuba.

Hablemos pues de Wifredo Lam, ese gran maestro del pincel ya desaparecido, descendiente de un padre chino y de una madre mestiza, que creció escuchando en su casa las voces de los muertos y de los santos yorubas, ante la insistencia de su madrina Mantónica Wilson para que fuese «babalao».

Pero Lam prefirió los trazos del pincel sobre el lienzo, realidad palpable y luminosa, al misterio de los augurios de los dioses africanos.

Sin embargo, no se puede negar que, en la maravillosa obra pictórica de Wifredo Lam hay sombras impresionantes de una introversión doliente y borrascosa, plena de sortilegios, de espiritualidad y de miedos a la luna.

En sus primeros pasos como principiante, Lam cursa estudios en la famosa escuela de San Alejandro en La Habana y logra exponer en el Salón de Bellas Artes en el año 1923.

Por esos pasos inescrutables del destino, decide trasladarse a España y recibe clases de Sotomayor, el maestro de Dalí.

En sus correrías por los museos, admira a Goya y siente un interés profundo por el Bosco y por Brueghel, el Viejo, ambos obsesionados por denunciar los horrores de la violencia.

---

[34] *Diario Las Américas*, 21 de enero de 2003.

En 1929 contrae matrimonio con Eva Pirriz, oriunda de Extremadura, España. Pero a los dos años de su matrimonio, mueren su esposa y su pequeño hijo de tuberculosis.

Ciertamente el momento más dramático, desolador y desconcertante en la vida íntima de este joven pintor cubano.

Al término de la guerra civil española se traslada Lam a París, donde conoce a Picasso, y ambos descubren una afinidad mutua. En este andar por los caminos del arte, también conoce a Henri Matisse, a Fernand Leger, a Joan Miro y a André Breton, padre del movimiento surrealista.

Ya entonces la obra de Lam va definiendo sus preferencias por el significado simbólico a los detalles puramente formales. Sus trazos pictóricos se enlazan con la dureza de su vida y con el patetismo del embrujo religioso africano.

En 1940 la ofensiva nazi lo obliga a abandonar París. Su amistad con André Breton se ha hecho íntima. Por eso ilustra el famoso poema de Breton en forma de opúsculo, «Fata Morgata».

El no-realismo de su obra, confesaría Breton, sería su admiración por la pintura de Lam.

Ambos se refugiarían en Marsella, en previsión de la ferocidad nazi. De aquí zarpan a Martinica y al llegar como fugitivos son internados en un leprosorio.

Y es en Martinica, en donde conoce al poeta Aimé Cesaire, genio y dramaturgo del mundo afro-religioso.

Lam y Breton viajan a Santo Domingo, pero aquí se separarían, Breton rumbo a Nueva York y Lam regresa a Cuba.

Lam confiesa que «siente una tristeza terrible al regresar a su tierra natal». Pero entonces, después de veinte años de ausencia por Europa, el trópico exuberante, vibrante y salvaje de Cuba, lo inspira a crear «La Jungla», su obra cumbre.

Finalmente regresa a Europa, en una etapa de su vida plena de exposiciones permanentes y de creaciones de vitalidad imborrables, como: «Trópico de Capricornio», «Embo para Yemayá y «Los Niños sin alma».

El año 2002, que dejamos atrás, nos hace recordar que se cumplieron cien años del nacimiento de Wifredo Lan, un verdadero genio del pincel, uno de los pintores más reconocidos del siglo XX y tal vez el pintor cubano más valorado en el mercado pictóico.

Pero con nosotros queda su obra apasionada, crítica y catártica.

¡Ah ! y su tierra de Sagua la Grande, melazas y mieles, que sigue en espera de un soplo de libertad, como toda Cuba.

UNA TARDE CON RODIN[35]

Hoy quiero compartir con el amigo lector estos apuntes que he guardado celosamente entre mis papeles viejos en gratitud a una tarde inolvidable que pasé en París hace diez años.

No sé realmente por qué he esperado una década para volver a ellos. Casi un pecado temporal. Y lo hago en humilde desagravio a ese genio de la escultura, que por derecho propio, se ha convertido en un precursor del siglo XXI y de sus libertades esperadas:

En una bella y acogedora mansión parisina rodeada de jardines está la casa-museo, en donde descansa merecidamente la obra de ese rebelde e inconforme del arte que se llamó Auguste Rodin.

Confieso que producto de un fuerte estado gripal que arrugó de escalofríos mi alma, la estancia de estos tres días en París en diciembre de 1985, ha dejado en mis recuerdos más sensaciones catastróficas que agradables.

Sin embargo, dejo atrás el malestar ruinoso, la fiebre infernal y demás malestares, para comentar la impresión viva, apasionante y maravillosa que dejó grabada en todo el desconcierto y soledad de esta etapa de mi vida, la obra de este genio rebelde e incomprendido por sus contemporáneos, principalmente franceses.

Cuando entré al Museo Rodín aquella tarde, sentí como el resto de sus visitantes, que entraba en un manicomio de seres humanos enloquecidos por la tristeza, que buscaban desesperadamente un algo de quietud en el verdor de sus jardines y en los rostros no exentos de tensiones de sus huéspedes permanentes.

Y es lógico que los franceses de su época no hayan entendido a Rodín. El romanticismo suntuoso, con ansias de modernidad del siglo XIX francés, fundamentalmente literario y musical, prefería el delirio

---

[35] *Diario Las Américas,* 1 de agosto de 1995.

del poema recargado de bronces imperiales que la expresión dolorosa de cualquier realidad.

El París de Haussman (1870), aquel torpe funcionario que sacrificó barrios de trabajadores humildes y levantó grandes avenidas para el beneplácito de Napoleón III, no podía entender el esfuerzo de Rodín por representar el dolor del corazón humano y así reconstruir para la historia el heroísmo espontáneo de la sociedad.

Rodín, inconscientemente, rechaza con genialidad expresiva la civilización reinante de su época. En el rasgo íntimo de toda su obra hay una quieta tensión que clama por esa libertad real que ansía todo ser humano y que el modernismo ha terminado por dañar con sus arrogancias de predominio.

En casi toda su creación, desde «El Pensador», su obra más popular y que cuida además de sus restos, hasta «La Puerta del Infierno», su producción tal vez más acabada, pasando por «El Beso», para muchos analistas su obra maestra realizada en mármol, que dedicó a los años de pasión vividos con Camille Claudel, el escultor asombra al espectador.

Rodín no sometía sus creaciones al ambiente, sino que con ellas era capaz de influir y cambiar aquél. En «Los Burgueses de Calais», otra de sus obras maestras, se produce un hecho expresivo insólito, al captar Rodín el rostro de piedad contagiosa de los seis burgueses condenados a morir, que provocó que la reina pidiera el perdón al rey Eduardo III en el siglo XIV.

En los encargos de los monumentos en memoria de Honoré de Balzac y de Víctor Hugo, vuelve Rodín a ser incomprendido por el academicismo de Bellas Artes y sus alrededores al negarse a usar el desecho inexpresivo de la forma e intentar dar vida a los sacrificios en vida de estos dos grandes escritores.

Quién no ha meditado ante las manos de Rodín. Las manos le fascinaban a este escultor de vida tormentosa y amoríos ruidosos.

Pero sería ingrato terminar estos apuntes sobre mis tres días en París, sin mencionar también el buen rato de conversación pasado en el apartamento del escritor Fernando Arrabal en la rue Jouffroy, rodeados por sus cuadros de Picasso; el buen vino y la acogida afectuosa cuasi familiar del amigo Orlando Germán y de su esposa en la Rue Blanch, la exposición estupenda de la obra de Kandinsky en el Centro Pompidour, y la tertulia de la última noche con un grupo de mendigos recordando las canciones de Edith Piaff.

Fue esa noche, al regresar al hotel, cuando pinté en papel cartucho el retrato del Caballero de París, que guardo con celo como una de mis herejías pictóricas.

Pido perdón al tiempo, pues en estos diez años no he olvidado nunca estos buenos ratos vividos en París, a pesar de la morosidad de quienes pretendieron enterrar en vida a Auguste Rodín.

RENÉ PORTOCARRERO, PINTOR DE ESPERANZAS[36]

Dicen algunos estudiosos de la historia que los pintores y los músicos son los que más penetran en el alma adolorida de los pueblos. Y para una nación como Cuba, quebrada por el comunismo en todas sus instancias morales e institucionales, el mostrar toda la fuerza de sus creadores es una vía para la reformulación ineludible de su historia.

Y no tenemos duda de que este es el caso singular del pintor cubano René Portocarrero, que quiso a Cuba con pasión tropical y a su vez fue capaz de descubrir con su pincel todo una infinita gama de esperanzas y valores.

Toda Nación necesita con inminencia de sus rincones de luz, de sus trazos ingenuos de futuro, de sus melodías sonrientes del corazón y de los recuerdos que contrasten con los sinsabores de las épocas grisáceas.

Por eso recordar a Portocarrero, hecho pintor por la gracia del sol, es como colocar un arcoíris renaciente en el enredado rompecabezas de su isla maltratada.

Nace el pintor en 1912 en el Cerro, un barrio habanero entonces de matices barrocos, de espíritu alegre, de comparsas bullangueras, de adoquines y tranvías, de aceras y farolitos luminosos, de solares relucientes y papalotes atrevidos. Hoy, lamentablemente, el Cerro, por esas destrucción propia que provoca un sistema cerrado de persecución, se ha convertido en un barrio triste, desolado y decadente.

No se puede hablar del mundo pictórico de Portocarrero sin dejar de mencionar las influencias pictóricas de Chagall, de Van Gogh y del muralismo mexicano. De esos orígenes surge la pujanza infinita de su

---

[36] *Diario Las Américas*, 21 de diciembre de 1993.

colorido embriagador, que ya brota desde sus primeras obras como las «Mariposas».

Una vez superada su etapa primeriza surge de su pincel el fenómeno melódico de sus «Interiores del Cerro». El fulgor y la soltura musical de su barrio quedará empozada en su piel hasta el final de su vida.

Portocarrero logra que el Cerro, su inseparable barrio habanero, recorra el mundo indiscriminadamente con un sano orgullo de pueblo. En un desesperado mecanismo de no apartarse de su origen, el barrio se convierte para él en un símbolo de permanencia y vitalidad.

Después el pintor se adentra en su etapa de «Brujos». Lo que hace palpable que es imprescindible para cualquier artista explorar ese mundo caribeño de sortilegios misteriosos de sus dioses venidos del África.

Los brujos de Portocarrero comunican, reclaman, bailan, observan y aman con pasión generosa. Después el pintor con profunda convicción religiosa crea su mundo de catedrales y máscaras. Sus catedrales, muchas y variadas, son sumariamente una sola catedral. Al igual que sus máscaras, carnavalescas y burlonas, son también una sola máscara que se resiste a agonizar.

En Portocarrero hay todo un don de multiplicación, que milagrosamente retorna en metamorfosis eucarística, para ofrecernos siempre un sentido de unicidad impresionante. Por eso también sus barrios, preñados de cueros de tambor, de claves de compás y de mulatas jaraneras, son un mismo barrio perentorio, que no concibe otra vida que mantener todas sus ventanas abiertas al sol.

No fue Portocarrero un hombre de oportunidades, sino un creador de honduras precisas y trascendentes. Por eso vivió despacio con el ánimo de entender los enredos místicos del arcoíris y de la vida. Sin embargo y paradójicamente, murió de prisa, con esa angustia típica del hijo fiel que se aferra con coraje al lecho moribundo de su isla, pero sin abandonarla.

Portocarrero quiso a Cuba con pasión tropical y descubrió en sus pinceladas que en el alma de la isla hay todo un amor infinito de esperanzas que debe renacer una vez que termine la pesadilla totalitaria...

CARLOS ENRÍQUEZ, SURREALISTA Y AVASALLADOR

La temporada de arte en Coral Gables, en su inicio septembrino, se vistió de gala este viernes pasado con una muestra exquisita de Carlos Enríquez en la Galería de Alfredo Martínez.

No es posible hablar de arte cubano sin destacar la pincelada estremecedora, surrealista y avasalladora de este pintor rebelde, que captó como ninguno el colorido apasionante de su isla, el tembloroso relinchar de sus caballos desbocados, la belleza exuberante y sensual de sus mujeres, y el perfil entristecido y profético de José Martí, en previsión de tantos dolores y violencias divisivas, por venir.

Para algunos conocedores de la plástica cubana, Carlos Enríquez es el más cubano entre todos los pintores de la atormentada isla. Y aunque obviamente hay otros pintores dentro de esa dimensión de cubanía, la aseveración no está muy distante de la verdad.

Por eso el «Rapto de las Mulatas», una creación maravillosa, brutal, anhelante e indiscreta por su dramatismo perpetuo, está considerada la obra por excelencia de la pictórica cubana. No creemos, sinceramente, que haya otra, con estas consideraciones abarcadoras.

Fue Carlos Enríquez un amante pictórico de la pasión sexual. Por esos rumbos apasionados del amor, no respetó fronteras visibles. En «Eva», una obra de ternura excepcional, vuelca el desenfreno insaciable por la mujer amada.

En la pintura «Arlequín» está toda la fuerza caleidoscópica de los colores del Mar Caribe, en donde su isla triste baila admirablemente sobre sus aguas para olvidar sus penas.

La influencia surrealista de André Bretón, estimula a Carlos Enríquez en un intento literario novedoso y es cuando escribe las novelas

---

[37] *Diario Las Américas*, 1988.

«Tilín García» en 1939, la «Feria de Guaicanama» en 1940 y «La vuelta de Chencho» en 1942.

En la muestra septembrina de Coral Gables nos topamos, entre otros, con la obra, «Desde el Hurón Azul», una exquisitez de su pincel, pues es un cuadro elegante y de hondas sugerencias sobre el entorno de su casa en las afueras de la ciudad de La Habana, donde murió atolondrado por el alcohol y el desasosiego incesante de su isla.

También «Dos Ríos», otra pintura espectacular que se convierte en una reflexión honda alrededor de las premoniciones martianas sobre no dejarnos arrastrar nunca por la pesadilla estridente de la violencia, aunque tengamos que proclamar la guerra necesaria.

«El entierro de la guajira» es otra de las maravillas de esta exposición, Un sueño de mujer que no se deja vencer por la agonía de la muerte.

La pintura pujante, erótica y llena de turbulencias de Carlos Enríquez lo sitúan entre los mejores exponentes de la pictórica cubana de todos los tiempos.

Si Portocarrero pintó a su barrio del Cerro, con un colorido magistral, si Lam pintó al mundo de los orishas con sentido de universalidad infinita, y si Amelia Peláez nos dejó la fragancia exquisita de las flores en trazos cubistas, Carlos Enríquez fue el creador que captó con viveza epidérmica, anímica y sustancial, la turbulencia y el erotismo de su isla de palmas, amores y desvaríos.

Por eso recomendamos a los amantes del pincel y al amigo lector, que no se pierdan esta muestra de pinturas, que es un todo de cubanía.

MUERE SUSAN SONTAG [38]

Resulta difícil pasar por alto la muerte de un ser humano, por muy anónimo que parezca, pues siempre hay alguien que se duele en lo más íntimo, por ese misterioso y casi matemático suspiro final. Sólo Dios, en su visión macro creativa milagrosa e infinita de tejidos, misericordias y libertades, es capaz de mirar con quietud amorosa la quiebra del alabastro humano.

Sin embargo, con el drama inimaginable del maremoto en el Mar Indico que ha arrasado pueblos humildes, indefensos, y a turistas en pleno gozo vacacional, la muerte a los 71 años de edad de SUSAN SONTAG, la escritora newyorkina rebelde, ha pasado a un plano titular de menos excentricidad.

Susan Sontag con su mirada y piel morena, alta como las vírgenes modernas de belleza, los cabellos lacios negros y un mechón de canas simulando ribetes de ternura, fue merecedora por su obra del «Premio Jerusalén» en el año 2001 y después de los Premios «Príncipe de Asturias» y «La Paz del Comercio Librero Alemán», ambos en el año 2003.

Esta mujer cautivó profundamente a sus lectores por la profundidad de sus temas y sus ensayos reveladores, independientemente de que en ocasiones pareciera demasiado controversial.

También Susan Sontag hizo temblar a dictadores y decadentes, como a Fidel Castro y a su carnal Gabriel García Marques que siempre lo apaña en sus desafueros de medio siglo, cuando no tuvo reparos en sumarse a la crítica pública por el encarcelamiento de los 75 disidentes y el fusilamiento de los tres humildes cubanos de la raza negra, triste etapa de la historia cubana que mundialmente se conoce como La Primavera de Cuba.

---

[38] *Diario Las Américas*, 4 de enero de 2005.

Esta dura condena contra el régimen opresor cubano hace dos años, encabezada por el escritor portugués José Saramago, Premio Nobel de Literatura 1989, y otros reconocidos intelectuales del mundo, se encontró solidariamente con la firma y la presencia decidida de Susan Sontag.

La escritora neoyorkina no entendía de límites sectarios en sus acertijos más punzantes, que es como debe razonar con objetividad la mente intelectual y periodística, y por eso sentenció casi proféticamente y con dureza el desastre de la guerra en Irak.

Lamentablemente la vida literaria de Susan Sontag, se vio golpeada por accidentes y enfermedades de gravedad hasta su hora de morir, a causa de la leucemia. Pero a pesar de lo accidentada de su vida, nos deja un legado literario novelístico y de ensayos admirables, que servirá a las generaciones presentes y futuras, para entender que esa herencia de obscenidades del modernismo del siglo pasado, han dañado la naturaleza frágil y la dignidad intrínseca del ser humano.

Su novela «En América», sobre la vida de la actriz polaca Maryna Zalezowska, una emigrante que se refugia en los Estados Unidos ante la violencia totalitaria que reinaba en la Europa del siglo XX, es todo un hito literario convertido en tributo al sacrificio humano.

La Sontag quiso ser un testigo de excepción, como periodista y escritora, en los conflictos de la guerra de Vietnam en 1968, en el Oriente Medio en 1973 y en el genocidio de Bosnia en 1993.

Para Susan Sontag eran incomprensibles estos focos de violencia después de las experiencias trágicas de la Segunda Guerra Mundial.

El cáncer que la golpeó sin clemencia en su estructura humana, la hizo luchar sin descanso por convencer a la sociedad contemporánea de que las enfermedades son un mal transitorio. De este dolor hondo surge la obra literaria humana y acuciante de Susan Sontag en su ensayo: «La enfermedad como metamorfosis».

El lector cuando se adentra en este trabajo magistral sobre la naturaleza de la enfermedad, es como si se liberara de ese determinismo del deterioro físico que algunos identifican en cualquier desajuste orgánico.

Definitivamente Susan Sontag le dio un lenguaje propio inolvidable a la lucha contra las enfermedades del cuerpo. Todo el mundo intelectual en pleno ha reverenciado el talento lúcido y rebelde de esta sensible escritora.

Descanse en la paz íntima de Dios, esta extraordinaria escritora que, se ha despedido de todos, con la elegancia discreta de un ADIOS sin excentricidades.

Susan Sontag nos deja su obra para compensar su ausencia.

TRIBUTO A ALBERT CAMUS [39]

Entre los escombros retorcidos de su automóvil, consecuencia de un lamentable y terrible accidente en la carretera, se encontraron los manuscritos llenos de polvo y salpicados de sangre de una novela, cuya dedicatoria rezaba simplemente:

«A ti, que nunca podrás leer este libro».

Albert Camus, Premio Nobel de Literatura en 1957, fallece a los 46 años en el sorpresivo accidente automovilístico que describimos al inicio de esta viñeta periodística que dedicamos a su memoria.

Su padre, al cual Camus no conoció, porque había muerto durante la Primera Guerra Mundial, mientras él apenas tenía dos años de edad, se convirtió para el escritor existencialista en un recuerdo punzante y lejano que no se apartaría nunca de su mente.

De ahí que su padre, bajo el seudónimo de Jacques Cornery, sea el personaje principal del manuscrito novelístico encontrado en el accidente mortal.

Como dato anecdótico curioso, la hija de Albert Camus decidió esperar más de treinta años antes de tomar la decisión de publicar «El Primer Hombre».

La obra de Camus, que podríamos dividir en dos etapas, se caracteriza por priorizar los temas de la existencia humana.

Pero en su etapa primera con «El Derecho y al Revés», publicada en Argelia 1937; «El Extranjero» 1941; y la obra teatral «Calígula» 1945, que describe con admirable realismo y crudeza el enloquecido desenlace criminal de los regímenes totalitarios de Hitler y Mussolini, el autor se inclina por un dramatismo que en ocasiones se entreteje con el absurdo.

---

[39] Diario Las Américas, 28 de octubre de 2001.

Posteriormente Camus escribe, tal vez su obra más acuciante, «La Peste» 1947, en la que vibra y resalta con excelencia su obsesión por la solidaridad humana.

Esta segunda etapa en su obra más madura, que refleja el existencialismo militante de Camus, provoca la famosa polémica cuando Jean Paul Sartre lo acusa de moralista exagerado.

Camus devolvió sin demora los golpes de la crítica de Sartre reprochándole su vinculación con el comunismo criminal de Stalin.

«El Primer Hombre», su obra póstuma, comienza con la honda reflexión de un hijo ante la tumba de su padre, cuando descubre que él con 42 años de edad tiene más edad que la que tenía su padre, un soldado desconocido, al momento de morir.

La obra póstuma de Camus transita entre reflexiones, viajes, soledades, crecimientos humanos y el ansiado encuentro en el cementerio al leer la lápida con el nombre de su padre, que es su propio nombre.

«El Primer Hombre» fue un verdadero éxito de taquilla literaria cuando fue publicada.

Para todos los hijos que han perdido a sus padres en circunstancias dramáticas y distantes, la lectura de esta novela puede ser un bálsamo de tranquilidad espiritual y de alivio existencial.

Pero además, durante su lectura apasionante, el lector encontrará un motivo maravilloso para ir al reencuentro con el padre desaparecido...

LA NOVELÍSTICA DE ONETTI [40]

Hace tres años la noticia corrió nerviosa y triste. Acababa de morir en Madrid, su ciudad de refugio y lamentos, uno de los maestros de la novelística latinoamericana, Juan Carlos Onetti.
Realmente Onetti, oriundo de Uruguay, país al que amó con ternura y sencillez humana, murió simbólicamente en Santa María, esa ciudad pequeña, pecadora, misteriosa y polvorienta de su obra literaria, en donde las prostitutas son seres humanos, más que seres maquillados por lo convencional; las tristezas se curan con alcohol, más que en contubernios de violencias; y la pobreza se ríe a carcajadas dolientes de la vida, pues conoce a fondo los latidos de su morir cotidiano...

Cuando en 1981 los Reyes de España otorgaron a Juan Carlos Onetti el premio «Miguel de Cervantes», que distingue a los escritores más destacados que dedican su vida a la creación literaria, Onetti hizo una confesión admirable que estremeció a los presentes: «que se sepa en esta ocasión que el jurado ha tenido la quijotesca ocurrencia de distinguir a alguien que, desde su juventud, ha estado acostumbrado a ser un perdedor sistemático, que no tiene victoria en sus palmares».

Linda confesión de un escritor grande.

Para entender la vida de este genial creador de la ola de escritores latinoamericanos nacidos alrededor de la Segunda Guerra Mundial, hay que detenerse obligadamente en aquel golpe de fuerza sucio y casi pornográfico, que la dictadura militar uruguaya descargó sobre él en 1974.

Era entonces Onetti jurado de un concurso literario y tuvo la osadía de premiar un cuento que no gustó a los militares en el poder. ¡Qué inmenso delito! Todos los regímenes de fuerza son parecidos. O estás con ellos o te espera la amenaza permanente de las rejas o de la tortu-

---

[40] *Diario Las Américas*, 8 de abril de 1007.

ra. Fue entonces Onetti encarcelado por emitir un simple juicio literario.

Un año después emigra a Madrid. Ya no regresaría a Montevideo. Prefirió encerrarse en su infinita imaginación con los pobres, con los sufridos, con los de abajo. Y es precisamente en este exilio madrileño, solitario y prolongado, en donde escribe su obra abarcadora, plena de intimismos y desbordada en gestos de verdades humanas.

Ya había escrito en 1939 «El Pozo», su primera gran obra, que representa con estupendo dominio los dolores del vivir. En 1950 publica «La Vida Breve», obra legendaria, maravillosa y única, pues inicia el ciclo de su imaginaria ciudad, Santa María, de la cual ya no podrá salir nunca más.

Después escribe «Para una tumba sin nombre», que desarrolla el recuerdo de una prostituta buena, sufrida, como casi todas. A esta obra le sigue «El astillero», su mejor obra literaria, según muchos críticos, que describe el tránsito arduo y doloroso del ser humano por sobrevivir a pesar de la furia de los vientos. Continúa con «Juntacadáveres» (1964), también sobre el nuevo prostíbulo que inyecta vida y humor a su ciudad maldita.

En «Dejemos hablar al viento» (1979) se enreda en los maleficios mágicos de Santa María. Pero vuelve en 1987 con otra de sus prostitutas en «Cuánto entonces».

Para Onetti la prostitución era el producto de una sociedad injusta, no de una maldad intrínseca del ser humano-mujer, que sale a jugarse la vida atrevidamente con su cuerpo. El decía «que los prostíbulos eran hogares raros de amor».

Finalmente antes de morir publica «Cuando ya no importe», un sobrecogedor inventario de su vida. Casi un testamento acuciante de anhelos y amarguras.

Onetti murió como quiso, «en un día de lluvia en que me traen el abrigo empapado para ponérmelo».

Gracias maestro por recordarnos, con tu obra, que los de abajo, además del sol y el polvo que tragan del camino, haciendo que sus pecados sean más visibles, también poseen valores humanos.

¡Qué Dios, en su infinita misericordia, le permita descansar entre los suyos!

ENRIQUE ROS: REFERENCIA OBLIGADA [41]

Enrique Ros, con su investigación incansable, se ha convertido en una referencia obligada para todo historiador o investigador académico de la temática cubana.

En su undécimo libro, *El clandestinaje y la lucha armada contra Castro*, Ros se adentra en un capítulo de extrema sensibildad histórica, que demuestra que una gran parte del pueblo cubano luchó denodadamente por evitar que el totalitarismo comunista al mando de Fidel Castro se apoderara del poder y esclavizara a Cuba.

Misteriosamente, la mayoría de los historiadores o investigadores cubanos, con excepción de Enrique Ros y con anterioridad, Enrique Encinosa, han obviado la referencia macro-analítica a esta etapa heroica del pueblo cubano.

Encinosa se concentró en los alzamientos contra el régimen de Fidel Castro, y su libro estupendo despertó un interés generalizado en esas gestas guerrilleras, hasta ese momento poco comentadas, con excepción del libro de Norberto Fuentes, cuando aún estaba en la senda roja a la otra orilla del río.

Por suerte, y como constancia del desmoronamiento y la debilidad del propio régimen castrista, ya Norberto Fuentes, como Rafael del Pino y Alcibíades Hidalgo, entre otros altos funcionarios y/o oficiales del régimen castrista, están en la senda azul, desafecta y oposicionista, que corre presurosa por ambas orillas.

Lo que demuestra que el régimen va quebrándose paso a paso con el decursar del tiempo.

Pero ahora Enrique Ros se sube la manga al codo y pone todas las referencias de la lucha clandestina contra el comunismo castrista sobre el tapete. Lástima que Ros no haya pulido un poco más ese laberinto

---

[41] *Diario Las Américas*, 31 de julio de 2006.

de detalles y referencias, pero parece que la premura en la impresión no le dio esa tregua a la perfección necesaria.

Ros hace su exposición sin dobleces, para develar con el coraje y la inteligencia que lo caracterizan, todas las referencias de un proceso heroico que si no logró la liberación cubana, fue por la torpeza y la indecisión de algunos gobiernos norteamericanos de turno.

Tal vez esta nota anterior sea la causa, del porqué algunos historiadores no se adentren en el tema, pues temen herir la susceptibilidad del poderoso aliado embarcador y pusilánime a la hora de las decisiones solidarias con el pueblo cubano.

Pero Ros no alberga ese temor y hurga en lo más recóndito para exponer los hechos y las referencias históricas.

Y el libro de Ros demuestra que si la ayuda multi-billonaria que el régimen de Fidel Castro recibió de la Unión Soviética en dinero metálico y en armamentos, lo hubiese recibido la oposición por parte de los Estados Unidos y de otras naciones amigas del continente latinoamericano, los guerrilleros de Oswaldo Ramírez en el Escambray, las guerrillas del Movimiento 30 de Noviembre y del Directorio Revolucionario en la Sierra Maestrsa, las fuerzas del clandestinaje bajo la conducción colegiada del Consejo Revolucionario y la dirección ejecutiva de Rogelio González Corzo, alias Francisco, entre otras instancias de confrontación también decisivas, todo hubiera sido muy distinto y hoy Cuba sería libre.

Y si a su vez, las fuerzas mil veces heroicas de la Brigada 2506, en lugar de desembarcarlas en una cabeza de playa preñada de arrecifes, sin opciones de impacto y crecimiento, por el escaso acceso estratégico del propio territorio escogido, la hubiesen repartido, como era el plan inicial, entre todo el movimiento del clandestinaje por todo el territorio nacional, podríamos decir, sin temor a equivocarnos, que Fidel Castro y toda su camarilla, fuesen hoy unos exiliados en Bielorusia o en Korea del Norte.

Pero la historia es así de caprichosa. Enrique Ros ha hecho un esfuerzo de recopilación y de referencias de todo ese proceso olvidado de la clandestinidad y de la lucha armada contra el comunismo en

Cuba, que a partir de su libro habrá que investigar y revisar con más atención.

Si Rafael Rojas, en su excelente análisis cultural de estilo multibarroco, sobre la historia contemporánea cubana, «Tumbas sin Sosiego», nos ha mostrado el escenario de todas las variantes culturales de un país quebrado por la imposición de un régimen carcelario. Enrique Ros, en su estilo coloquial de desarrollo referencial, nos muestra en su libro sobre *El Clandestinaje y la Lucha Armada*, todo el heroísmo de un pueblo que, a pesar de luchar al arbitrio del abandono y de torpezas ajenas de circunstancias inconcebibles, no ha cesado de ofrendar un sacrificio honroso y persistente por alcanzar la ansiada libertad para el pueblo cubano.

Tanto el libro de Rojas, en el escenario de la cultura, como el de Ros, en el escenario de los hechos históricos cercanos, nos presentan una Cuba quebrada y agotada en busca de paz, democratización y reconciliación entre todos los cubanos.

Confiamos en que el aporte referencial de Ros, estupendo y trascendente, sirva para profundizar en una etapa tan importante y heroica de la historia cubana.

MAHATMA GANDHI [42]

Un puñado de sal en manos del Mahatma y sus peregrinos tuvo más valor político que cien disparos represivos o terroristas.

El Mahatma Gandhi era un hombre de expresión sencilla, caminar despacio, hablar tranquilo, mirada penetrante y orejas grandes. Toda su acción cívica para independizar al país de la opresión colonialista de los ingleses se apoyaba en la filosofía de la No-Violencia.

El hecho sin precedentes que relatamos ocurrió un 12 de marzo de 1930 en la ciudad de Ahmedaban, capital de la provincia de Gujarat, donde residía Gandhi.

A los indios, el poder colonial les prohibía extraer sal de sus mares. Sólo podían comprarla en las tiendas propiedad de los ingleses.

Desde finales del siglo XIX, en 1877, la India se había convertido en colonia inglesa. Anteriormente había sido dominada por el Imperio Mongol, descendientes de Tamerlán, el famoso conquistador tártaro.

Pero Gandhi, que estaba decidido a cambiar el rumbo de su país por los caminos de la resistencia cívica, convocó una extensa peregrinación pacífica con el fin de agarrar un puñado de sal en sus manos. Así demostraría al mundo que los indios eran un pueblo soberano en pleno proceso de controlar su destino histórico.

Gandhi afirmaba que los fines de la vida se resumían en la Verdad (Sayta) y en la No-Violencia (Ahisma). También insistía en que la India debería dedicarse con pasión al ayuno santo y a la plegaria en una batalla por la purificación espititual.

Con estas ideas en su mente y una voluntad de acero, el Mahatma convocó y organizó el movimiento para alcanzar la Independencia de

---

[42] *Diario Las Américas,* 9 de diciembre de 1997.

la India. La peregrinación comenzó con una oración preparatoria de súplica a Dios.

Una vez terminada la plegaria, el Mahatma y sus discípulos iniciaron la marcha peregrina. Caminaron durante 21 días, a un promedio de 40 kilómetros diarios. Entre las personalidades que acompañaban a Gandhi se encontraban su discípulo fiel, Jawahardial Nehru, y la poetisa Sarosinni Naidu.

A lo largo de la peregrinación los caminantes se encontraban con los pueblos adornados de flores y las sendas empapadas de agua para que el polvo no les molestara. Los habitantes de cada pueblo los acompañaban hasta el siguiente pueblo, de manera que sintieran el calor de la solidaridad humana.

Toda la prensa del mundo cubrió noticiosamente la peregrinación encabezada por el Mahatma, que fue denominada como «La Marcha de la Sal».

El 5 de abril de ese año, en horas de la noche, Gandhi y los más de cinco mil peregrinos que lo acompañaban llegaron a la costa. Al amanecer el Mahatma escribió esta nota junto al mar: «Quiero que el mundo apoye esta justa y pacífica batalla contra el poder colonial».

Después del mensaje escrito en la arena, el Mahatma se introdujo en el mar y agarró con su mano un puñado de sal. Los miles de peregrinos lo imitaron.

Gandhi y sus peregrinos habían vencido a la intransigencia abusiva de los ingleses. El mundo quedó conmovido. Los indios sonreían con la sal en sus manos. El alborozo reinaba en sus corazones.

Un puñado de sal en manos del Mahatma y sus peregrinos tuvo más repercusión y valor político que 100 disparos represivos o terroristas. La sal en simbolismo de un puñado desbordado de amor en las manos y en el corazón fueron suficientes al pueblo hindú para doblegar la arrogancia torpe del poderoso imperio británico.

NARRATIVA

INFORME CONTRA MÍ MISMO [43]

Hace meses que recorrí las páginas de este libro con detenimiento histórico y verdadero interés personal. Me pareció un libro de honduras humanas, con innumerables anécdotas del acontecer reciente e inevitables momentos axiomáticos.

Obviamente ese proceso tan insignificante y locuaz, que algunos han dado en denominar la Revolución Cubana, no queda bien parado en el frenético pasar de sus páginas.

Cito al libro: «El perfume de la piña puede detener a un pájaro, pero el primer informe contra mi familia, la Seguridad del Estado cubano me lo solicitó a finales de 1978».

El libro de Eliseo Diego, más conocido por «Lichi» entre sus amigos, es definitivamente un libro duro y desgarrador, que revela con valentía y pudor la ausencia de valores humanos entre los mecanismos de conducta del régimen totalitario, como el cubano, que el autor con enorme coraje personal reconoce haber servido equivocadamente.

Cito del libro: «El Arroyo Naranjo que conocimos ya no existe, hoy ninguna tumba presume flores, nadie me reconoce».

Cuando el lector se adentra en las verdades críticas que Eliseo Alberto desarrolla con soltura, pasión lacerante y necesidad catártica, entonces se tropieza con el argumento medular de la crisis cubana:

Un país que se estructura sobre la delación de unos contra otros, la desconfianza de todos, la vigilancia del vecino, el encarcelamiento del disidente y el fusilamiento del oposicionista, sencillamente es un país muerto moralmente e imposibilitado de crecer en dichas y alegrías.

Cito del libro: «Lo único que me gusta de Miami es que nadie se mete conmigo. Eso está bien. Me ignora».

Porque «Informe contra mí mismo» define admirablemente que en Cuba si no profesas la letanía forzada de «Esta es tu casa, Fidel»,

---

[43] *Diario Las Américas*, 18 de noviembre de 1997.

surge inmediatamente el acoso, la persecución, las turbas de respuesta rápida y finalmente la sindicalización del marginado gusano, agente apestado del imperialismo, que es casi lo mismo.

Cito del libro: «La paz es fundamento de la libertad. La libertad aspira a la verdad. Y la verdad hace preguntas»...

Pero en la Cuba actual, desde que el proceso revolucionario de 1959 torció inesperadamente el rumbo democrático prometido hacia el totalitarismo-marxista, y de esto hace ya mucho tiempo, el hacer preguntas es un delito prescrito y anatematizado por la ley comunista.

Cito del libro: «La Habana que hoy fotografían los visitantes es una ciudad rota, cañoneada por la ineficacia, malvestida, mordida por las ratas de la abulia, fósil vivo que carga como puede sus fastidios y reclamos»...

Y se me ocurre pensar que en esta genial observación del autor, ya por agotamiento de tristezas, faltó la generalización lógica del desastre nacional: Cuba es hoy un laberinto agobiado de tensiones, que agoniza inexorablemente por ausencia de libertades.

La isla se va quebrando en sequedades porque le falta la lluvia generosa y refrescante de la comprensión. Además, que el abono merecido del amor solidario anda perdido en sus rincones predominantes de intolerancia.

Leerse este libro de Eliseo Alberto es un excelente ejercicio de reflexión...

EL ARTE DEL SIGLO XXI

Toda la historia del arte está imbricada al quehacer humano y a las mismas circunstancias que lo precedieron: En Egipto la inquietud artística no pudo prescindir de la presencia majestuosa del Nilo. Grecia, por su inteligencia razonadora, hizo del arte una búsqueda insaciable del orden, la belleza formal y el sentido de la proporción. Roma, fuerte y agresiva, elaboró un arte descriptivo y minucioso.

Después al Arte Gótico, en contraste con la rudeza romana, alargó exageradamente sus figuras reflejando una inquietud hacia Dios. El Arte Renacentista, con sus arcos de medio punto fijó su mirada en la tierra. El «David» de Miguel Ángel hizo que el hombre fuese real.

El Arte Barroco y el Rococó resultó un enorme esfuerzo por incitar la piedad religiosa. Con posterioridad el Arte Romántico del Siglo XIX intentó que la naturaleza y el espíritu viviesen en conjunción amorosa: «La luz del mundo» de Hunt, la «Sinfonía Coral» de Beethoven y «Los Miserables» de Víctor Hugo fueron reflejos impresionantes de esa saludable y humana intención.

Ya el siglo pasado es testigo de lo que Ortega y Gasset muy atinadamente calificó como la «deshumanización del arte». Y eso sólo por haber sido testigo de la Primera Guerra Mundial. Algunos analistas que vivieron la Segunda Guerra Mundial, la bomba atómica y la criminalidad sin límites de los totalitarismos nazista y comunista, exageradamente mencionan «la muerte del arte».

Se crean entonces, como desacato artístico ante el horror y la violencia, rostros sin ojos y cuerpos sin piel como la «Bárbara» de Lipchitz y «El Guernica» de Picasso.

Y ante ese cúmulo de incertidumbres e irrespetos a la dignidad de la persona humana durante todo el Siglo XX, surge el Arte Conceptual, que es un gran esfuerzo por encontrar nuevos paradigmas en la creación artística.

Algunos observadores consideran que el arte conceptual no es arte. Pero esta opinión nos parece exagerada y contraproducente. La expresión artística conceptual sencillamente busca liberarse de la manipulación del poder como objeto de consumo. Por esa razón se nos presenta como un arte atrevido e instigador, que busca colocar la belleza creada en la mente del espectador y no en el objeto que se expone.

El conceptualismo en el arte usa con frecuencia la apariencia de que el objeto no está terminado. Un exponente fiel a este tipo de expresión lo es la escultura «Isis» del artista estadounidense Mark de Suvero, que con trozos de raíles de trenes y vigas de acero empalmados con soldadura eléctrica intenta simbolizar la pujanza industrial de los Estados Unidos.

Hay múltiples expresiones novedosas dentro de estos nuevos parámetros del arte conceptual, que obviamente andan buscando caminos de libertad y respiros espontáneos de vida.

Y sin duda, una de las más sugerentes y atractivas entre todas estas expresiones, lo es el Arte Minimalista, que intenta concentrarse en lo íntegro y en lo inmanente del objeto.

Pero como el conceptualismo es un arte en transición, que no se avergüenza de sus atrevimientos picarescos, nos brinda también «el arte del cuerpo», «el arte de la tierra», «el arte acontecimiento» y finalmente «el arte electrónico».

Y estos son definitivamente los nuevos paradigmas del arte para el Siglo XXI. Algunos observadores, más tradicionalistas, necesitarán tiempo para asimilarlos. Tampoco en su época «La Noche Estrellada» de Van Gogh, una obra expresionista maravillosa, fue cabalmente entendida...

A CUBAN LOVE STORY [44]

Perdonen los puristas del idioma castellano, pero considero útil que el título de esta viñeta periodística esté en inglés, pues el documento original se escribió en ese idioma. Así sea en honor merecido a los dos personajes de la historia: Emilia Luzárraga y Lino B. Fernández.

Hoy queremos compartir con el amigo lector un libro maravilloso de supervivencia, que todo cubano que aspire a vivir en una sociedad civilizada bajo las normas de un estado de derecho, debería leer en silencio reflexivo, para entender que quedan reservas de amor suficientes para reconstruir a Cuba en libertad, en respeto ajeno y en dignidad humana.

Aunque el sistema comunista imperante en Cuba haya generado un estado férreo de control, de encarcelamientos y de odios hacia el ciudadano común que no comparta su ideología estalinista, eso no ha sido óbice para que el amor en lo más íntimo de la naturaleza del ser humano haya crecido en el corazón de la mayoría del pueblo cubano, amante del decoro y de la libertad:

El libro a que hacemos referencia es una historia de amor que muestra a Emilia, una linda mujer universitaria y a Lino, un joven médico cubano. Ambos decidieron formar una familia en 1958, pero a su vez no dudaron en luchar con un compromiso válido por rescatar el proyecto democrático que generó el proceso revolucionario de 1959, para evitar que el comunismo se apoderara de Cuba.

Los elementos gráficos y literarios que se perciben en esa historia de amor infinito que los dos protagonistas se han profesado desde que se conocieron, se acaba de plasmar en el libro «A Cuban Love Story» de la excelente periodista y escritora Kay Abella.

---

[44] *Diario Las Américas*, 2007

Cuando Emilia y Lino optaron por no abandonar la isla, mientras enviaban a sus hijos para el exterior con los abuelos, demostraron una absoluta confianza de amor entre ambos, que pone en evidencia positiva que el núcleo familiar posee suficientes valores morales intrínsecos para salir victorioso de esa crisis de desintegración que agobia a muchos moralistas y sociólogos del mundo contemporáneo.

Pero en el libro de Abella sobre la historia que reseñamos hay una sugerencia estupenda de ese amor apasionado por la pareja, que tanto Emilia como Lino se profesaron con pasión infinita.

Con admirable sinonimia, la autora del libro logra que los protagonistas, Emilia y Lino, terminen siendo el reflejo de tantos otros cubanos que han luchado y luchan heroicamente por poner fin a la dictadura de Fidel Castro en la isla cubana, en busca de que renazca la democratización cierta, libertaria y conciliadora.

Hoy a casi cinco décadas de la decisión de Emilia Luzárraga de permanecer lo más cerca posible de su esposo Lino Fernández, entonces al comienzo de cumplir una larga condena de diecisiete años en las prisiones castristas y de la decisión de ambos de enviar a los hijos al exterior para que fueran educados y cuidados por los padres de Emilia, todo aparenta haber sido una decisión de dimensiones muy intensas y dolorosas, pero correcta de acuerdo a sus resultados éticos.

También en el libro en cuestión, «A Cuban Love Story», se expresan en forma muy didáctica y humana los hondos sufrimientos en las prisiones castristas que padecieron cientos de miles de hombres y mujeres cubanas por los maltratos, las torturas y los fusilamientos frecuentes de jóvenes inocentes.

La autora del libro, con una magia muy creativa y sensible, usa como argumento desencadenante de su libro de amor, la historia de Lino Fernández, este joven médico-psiquiatra, alto dirigente del Movimiento de Recuperación Revolucionaria, y de su abnegada esposa Emilia Luzárraga, que lo sacrificaron todo con un coraje poco común por mantenerse cerca uno del otro hasta el final del largo presidio del primero.

La historia de amor, para dar margen a que al amigo lector tenga la oportunidad de leer los entresijos del libro, concluye en la residencia actual de Emilia y de Lino en la ciudad de Miami, que los muestra plenos de felicidad, rodeados de sus hijos, nietos y amistades.

Pero claro, del rostro de ambos no se puede borrar ese dejo peregrino de tristeza infinita por los años duros de la prisión y por la distancia lacerante de sus hijos.

Hoy todo aparenta QUEDAR ATRÁS como LA NOCHE famosa de aquel libro inolvidable de Jan Valtin, pero las heridas del alma están siempre presentes como recordatorio de una memoria que no puede borrarse fácilmente.

A los curiosos amantes de la literatura, les aconsejo que no dejen de leer el libro «A Cuban Love Story» de la escritora Kay Abella.

Un buen documento literario para comprobar cómo esta pareja de cubanos pudo sobrevivir a los embates criminales y abusivos del comunismo castrista. Y cómo el amor, cuando es puro y transparente, no puede ser derrotado por la peor de las tormentas.

SOLDADOS DE SALAMINA [45]

Perdonar a un enemigo siempre es más elegante y civilizado que abusar de él, aunque los regímenes de fuerza del mundo contemporáneo, como el nazismo, el comunismo y las dictaduras nacionales, hayan instaurado el abuso con sabor de espanto.

Hace algunos años leí una estupenda novela del escritor Javier Cercas sobre la Guerra Civil en España, que todo ciudadano del planeta tierra y en especial los que viven en dictaduras con aspiración a transitar hacia la democracia, deben leer con atención exquisita.

Esta novela también provocó en mi vida intelectual un intercambio literario de cierta hondura en mi relación de amistad con don Javier Vallaure, Cónsul General de España en Miami, que ahora andamos despidiendo.

Después descubrimos que la famosa escritora Susan Sontag, ya fallecida, consideraba que la novela «Soldados de Salamina» era maravillosa y más tarde Vargas Llosa coincidió con George Steiner en calificarla como un clásico de la novelística contemporánea.

Debo decir que «Soldados de Salamina» de Javier Cercas, conjuntamente con «Ensayo sobre la ceguera» del portugués José Saramago, son las dos mejores novelas que he leído en los últimos diez años de mi vida.

El conocido historiador Sánchez Juliá se atrevió a sentenciar que con esta novela que comentamos, se podía dar por terminada la guerra civil española.

La trama de «Soldados de Salamina» se desarrolla a partir de uno de los últimos fusilamientos masivos de la guerra civil española, lo que convierte al libro en una novela histórica de dramatismo singular.

---

[45] *Diario Las Américas*, 26 de julio de 2005.

El quid del drama de la novela se desarrolla cuando un remanente de tropas republicanas que huían hacia la frontera francesa ante el triunfo nacionalista, deciden fusilar a un grupo de presos franquistas.

Una vez ejecutado el fusilamiento masivo, queda un sobreviviente que intenta escabullirse entre los escombros humanos del resto de sus compañeros fusilados.

Curiosamente este sobreviviente es Sánchez Masas, un famoso dirigente de la falange, que es descubierto por un soldado republicano que le perdona la vida y le permite continuar su escapada.

Pero lo mejor de la novela viene después del incidente dramático, porque en el apasionante recorrido periodístico por diversos rincones del país en busca de la verdad humana, se descubre que en el perdón del soldado están los fundamentos de la reconciliación que ha vivido España desde que el país decidió abrazar la vía democrática.

Javier Cercas definitivamente en «Soldados de Salamina» se ha convertido en un narrador de verdades y en un investigador de entuertos humanos que él ha querido rescatar para la memoria lúcida de España.

Este escritor periodista no le ha tenido miedo a los estereotipos del sectarismo político y se ha lanzado con sus crónicas intensas para dejar atrás los acosos del revanchismo y las debilidades de grupismo fanático.

Al amigo lector le recomiendo que lea esta novela lo antes posible. En Salamina encontrará que el odio y el revanchismo sólo producen ruinas y muertes.

Y a su vez sentirá que el perdón es un amor profundo que construye y enriquece moralmente.

La verdad intrínseca que brota de las páginas en «Soldados de Salamina», es un arma inequívoca para dejar atrás la opresión y la barbarie de cualquier régimen de fuerza.

Definitivamente perdonar a un enemigo siempre es más elegante y civilizado que abusar de él.

SARAMAGO ROMPE CON FIDEL [46]

Estimado Profesor de las Letras y Premio Nobel de Literatura:

Hoy usted ha roto lanzas en contra del dictador cubano Fidel Castro por la represión inhumana en contra del movimiento disidente y el periodismo independiente dentro de Cuba. Y también por el fusilamiento criminal de tres infelices cubanos que sólo soñaron con un respiro en aires de libertad.

Definitivamente Fidel Castro calculó mal, pensando en una guerra larga en Irak y que la atención del mundo centrada en la batalla de Bagdad, pasaría por alto su represión al mejor estilo estaliniano o hitleriano.

Pero la toma de Bagdad ha transcurrido a velocidad supersónica y el mundo se ha percatado de las intenciones malignas del régimen senil de Fidel Castro.

En 1998 cuando a usted le fue otorgado el Premio Nobel de Literatura escribí en esta misma columna del *Diario Las Américas*, cito textualmente: «Las calles de Lisboa se han llenado de carteles de felicitación y el regocijo se esparce inquieto por todo el país para colmar los corazones de la ciudadanía. Todo Portugal está de fiesta. Fiesta grande por uno de sus hijos viejos».

Nunca he negado ser un fiel admirador de toda su obra literaria y hasta algunos de mis amigos se han extrañado de mi pasión por una novelística como la suya, salida de la pluma de un escritor de filiación comunista.

No reparo en parcialidades de filiación política cuando la creación artística tiene visos de genialidad. Por eso admiro tanto su obra como la del poeta católico Seamos Heany, premio Nobel de Literatura en 1994.

---

[46] *Diario Las Américas*, 22 de abril de 2003.

Considero que su novela *Ensayo sobre la Ceguera* es una obra grande y monumental de la literatura universal, que muestra y realza el sacrificio humano ante la realidad represiva de un modernismo materialista y racional, que no ha sido capaz de entender el valor y la dignidad del ser humano.

En su novela *Memorial del Convento* la soledad se hace presente y todos los sentidos se inundan de una melancolía exquisita. Esta obra es una bella radiografía del alma humana.

En *El año de la muerte de Ricardo Reis* usted entrelaza el sentir lindo y callejero de Lisboa con la fidelidad a Fernando Pessoa.

Algunos de sus críticos la consideran de un estilo impecable y una de las narraciones más conmovedoras del siglo pasado.

En su novela ibérica *La balsa de piedra*, de belleza y originalidad singular, se palpa un reto cultural estupendo en resistir las tentaciones de esas culturas con cierta arrogancia de superioridad que han reinado en Europa.

Y en su novela *Todos los nombres* la inocencia se hace persona humana para intentar sobrevivir ante la opresión y el ritmo insensato de la burocracia oficial.

Hoy mi querido profesor Saramago, las calles del mundo se han estremecido por su honestidad humana y los corazones de su lindo Portugal se regocijan de satisfacción por su condena al régimen insensato y tiránico de Fidel Castro, y cito sus palabras:

«Hasta aquí he llegado, de ahora en adelante Cuba –refiriéndose a la Cuba de Fidel Castro– seguirá su camino, yo me quedo, disentir es un derecho que se encuentra y se encontrará inscrito con tinta invisible en todas las declaraciones de derechos humanos pasadas, presentes y futuras».

Y sigue su declaración con la autoridad que le confiere ser Premio Nobel de Literatura: «no creo que se haya actuado sin dejar lugar a dudas en el juicio reciente de donde salieron condenados a penas desproporcionadas los cubanos disidentes».

También Saramago cuestionó la teoría, según la cual Estados Unidos puede haber estado detrás del secuestro de la embarcación, y dijo: «No se entiende que si hubo conspiración no haya sido expulsado ya el encargado de la Sección de Intereses de Estados Unidos en La Habana».

«Disentir es un acto irrenunciable de conciencia», enfatizó el Premio Nobel de Literatura, para dejar a la deriva al régimen de terror de Fidel Castro, que finalmente naufragará irremediablemente. Pero obviamente y para satisfacción de todos los lectores de su obra, sin Saramago.

Gracias profesor y Premio Nobel de Literatura por dejar demostrado con su actitud crítica al régimen despótico de Fidel Castro que la moral, la honestidad de conciencia y la libertad son dones que Dios y el destino misterioso de la evolución han otorgado al ser humano para ejercer su dignidad intrínseca y su libertad de pensamiento.

Ahora recuerdo aquella anécdota inolvidable en su obra *Ensayo de la Ceguera*: «si alguna vez vuelvo a tener ojos, miraré verdaderamente a los ojos de los demás, como si estuviera viéndoles el alma o el espíritu, dentro de nosotros hay algo que no tiene nombre, esa cosa es lo que somos... »

Gracias profesor por enseñarnos que la libertad no tiene sello ideológico y por recordarle al mundo que Fidel Castro es un tirano en fase terminal.

PARQUE JUAN RAMÓN EN CORAL GABLES [47]

He regresado al parquecito pequeño en la Avenida Giralda y la Vía Merrick, dedicado a la memoria de Juan Ramón Jiménez, Premio Novel de Literatura 1956, pues quería mostrarlo a mi colega periodista Jorge Sotolongo y a su esposa Cristina, que son dos admiradores de la poesía del poeta andaluz, que con tanta pasión quiso a Cuba y a sus cubanos. Y ellos desconocían este discreto rincón, poco conocido.

Debo decir que me sentí contento con pasar por el lugar y poder mostrar que los versos del poeta están presentes en las placas colocadas por la ciudad hace algunos años.

Sin embargo, puedo confesar que en lo más hondo de mi alma me sentí insatisfecho o digamos al menos, incómodo, pues me percaté de que al rincón poético le falta un busto o una estatua del poeta, que le de carácter de permanencia. Y además, que el nombre del lugar deba ser conocido oficialmente en toda la geografía de la ciudad, como el Parque Juan Ramón Jiménez.

Diría más, si le añadimos un poco de gracia andaluza y contamos con la imaginación picante y cosmopolita de los residentes de Coral Gables, el Parque Juan Ramón Jiménez podría convertirse en un área para peñas poéticas, encuentros literarios frecuentes y descargas musicales, que enriquecerían aún más la hermosa tradición romántica de la ciudad.

Repasemos lo ocurrido para que todos entiendan esta historieta romántica plena de poesía. Después de una campaña periodística que se inició desde estas mismas páginas del *Diario Las Américas* en la década de 1990 y que contó con la acogida solidaria del entonces Cónsul de España, don Javier Vallaure; del alcalde de Coral Gables en esos años, Raúl Valdés-Faulli; del catedrático español don Joaquín

---

[47] *Diario Las Américas*, 27 de marzo de 2007.

Roy; y de la infatigable colega periodista y actriz Fina Escayola, se logró que se instalaran en el parque que ocupa nuestra atención, las tres placas con versos escritos en Coral Gables y una síntesis biográfica del poeta Juan Ramón Jiménez.

Este poeta mayor tuvo la gentileza infinita de escribir sus versos más tiernos desde una blanca casita en el número 200 de Alhambra Circle en Coral Gables, que se ubicaría actualmente en la calle del fondo, donde actualmente se encuentra situado el Restaurante Diego. Ya el edificio no existe.

«Qué extraño es todo esto, mar... » escribió el poeta desde su cuartito de Coral Gables. Y añadió en su romancero dedicado a esa bella ciudad de alma mediterránea: «en dónde se me apareció mi mar tercero, fue aquí ya, era este mar mismo y verde, verde mismo donde vivo ahora.»

Siempre he quedado cautivado plenamente por el embrujo de bellezas mediterráneas de Coral Gables: en sus piedras siempre he encontrado quehaceres; en sus sombras siempre he escuchado el eco de los peces, de los rumores, de las siluetas, de las pasiones. Y también en Coral Gables he encontrado ese misterio coloquial que producen las estrellas, cuando uno es capaz de mirarlas con afecto humano a través del ramaje de sus palmeras.

La historia de Coral Gables es inseparable del espíritu empresarial y estético de dos norteamericanos visionarios, padre e hijo, llamados Salomón y George E. Merrick. En los 160 acres de terreno adquiridos originalmente, sólo había una pequeña cabaña y un inmenso sembradío de guayaba, fragante fruto de color amarillento oriundo del trópico, que posteriormente los Merrick procesarían en deliciosas mermeladas para vender a los turistas norteños. Eran los años de principios del siglo XX, cuando viajar de Miami al área de Coral Gables, según los registros maestros de la historia, demoraba tres horas por la línea de tren de la Calle Ocho.

Entre las construcciones de exquisita belleza de la ciudad podríamos mencionar algunas de inmenso valor arquitectónico: el Hotel Biltmore, todo un imponente monumento bendecido por esos ingenuos espíritus que pernoctan en el resquicio fresco de sus piedras para alentarnos a que actuemos decentemente, la Piscina Veneciana, que aún guarda en el vaivén de sus aguas las brazadas heroicas de Johnny Weismuller y el perfume embriagador de Esther Williams, y la entrada de Granada, hecha de roca coral, que es una estupenda insinuación gitana a que no dejemos nunca de soñar con el embrujo de los ojos negros.

¡Qué linda la ciudad de Coral Gables! Y qué estupendo que sus pobladores hayan sido capaces de mantener el carácter romántico en sus piedras y en sus sombras. Y que todavía predominen sus límites limpios de tentaciones pueriles, a pesar de algunos contornos polvorientos de modernidad que augura el lógico crecimiento del concreto.

Concluyo esta viñeta periodística con el dejo nostálgico de un simple sueño, hecho confesión, alrededor de este rincón poético en Coral Gables.

Me siento confiado en que el excelentísimo amigo don Santiago Cabanas Ansorena, Cónsul General de España en Miami y el alcalde de Coral Gables, don Slesnick, leerán esta viñeta periodística con mirada histórica y solidaria.

Entonces muy pronto, los versos de Juan Ramón: «al Dios azul que azula las cosas de abajo... al pino que rumorea tranquilo en el viento... a la calle que tiene el arroyo de otra calle... y a esos pájaros que cantan mientras me entrego y me duermo,» encontrarán una imagen o una estatua donada por la Fundación Juan Ramón Jiménez de España que le dé carácter solemne a esta plaza pequeña, aún no identificada oficialmente. Y que el Parque sea conocido en toda la geografía de Coral Gables, como el Parque Juan Ramón Jiménez.

Nos parece justo.

SEIS DÍAS DE NOVIEMBRE [48]

«Que se aprendan los jóvenes esta obra como si fuera una obra de teatro. Que traten de ponerse de uno y otro lado de la trama. Que la usen como clave para entender por qué hemos tenido que vivir tantas veces fuera de nuestro país», mencionó en el prólogo de este formidable documento histórico el profesor Enrique Baloyra.

Tengo un rincón de mi pequeña biblioteca que generalmente acumula un poco más de polvo que los otros rincones, en donde coloco con especial devoción litúrgica y literaria los libros que, leídos recientemente, distingo por su valor intrínseco.

Con esos libros siempre tengo un compromiso intelectual y emocional de volver ellos. Curiosamente en ese rincón se dan cita libros tan diversos que despiertan la atención del más distraído de los lectores: En la actualidad están: «Como Agua para Chocolate», de Laura Esquivel, «Frida Chalo» de Haydeen Herrera, «Panorama del Protestantismo en Cuba» de Marcos Antonio Ramos, «El poder de los Sin Poder» de Vaclav Havel, «El Shock de la Deuda de Darrel Delamaide, «La Filosofía de Gabriel Marcel» de Feliciano Blázquez y «Seis Días de Noviembre» de Byron Miguel, entre otros.

Este libro frágil, curioso, hondo, con sus 96 páginas y de dramatismo desorbitante, «Seis Días de Noviembre» es toda una joya de historia inacabada, lamentablemente.

Algunos pretendieron cerrar este capítulo con ingenuidad permitiva cuando los restos de Fermín Valdés Domínguez, el amigo inseparable de José Martí, fueron enterrados en el Mausoleo de los Estudiantes de Medicina. Pero no, aquel oscuro drama de matar por imponer y callar las ideas del otro, parece no terminar en la historia de Cuba.

---

[48] *Diario Las Américas*, 23 de noviembre de 1993.

La violencia de las últimas cuatro décadas en la isla patentizan que el móvil de intransigencia del crimen innoble y despreciable del fusilamiento de los 8 estudiantes de medicina de 1871, sigue latente en el corazón de algunos cubanos. Ahí están como manchas imborrables de iniquidad e ignominia crímenes que prolongan la tragedia de 1871. Desde el despreciable crimen de Pelayo Cuervo y los mártires de Humboldt 7, en la década de los 50, hasta la muerte solitaria y heroica de Pedro Luis Boitel, más los fusilamientos de Virgilio Campanería y Alberto Tapia Ruano, en la década de los 60, entre otros, que dan fe certera de que el martirologio de los seis días de noviembre aún no parece terminar.

El libro de Byron Miguel es un relato minucioso y apasionado que, con la obsesión editora de Juan Manuel Salvat, se les ofrece a los lectores y estudiosos de la historia.

Byron Miguel, en 1961, fue sancionado a cumplir nueve años en la Prisión de Isla de Pinos, con otros estudiantes encarcelados. El autor sintió con dolor de distancia, el hecho inusitado y repulsivo del fusilamiento de los 8 estudiantes de medicina. Byron Miguel, sin lugar a dudas, es un investigador histórico serio. Quienes lo conocen saben que estamos ante un ser humano de bondad cierta y humildad serena.

El libro es casi un poema costumbrista-histórico lleno de inocencia e inocentes, de héroes y heroísmos, de versos y versiones, de buenos y bondades.

Como bien sentenció Federico Capdevila, el honorable militar español que sirvió de abogado defensor: «nunca jamás podré conformarme con la petición fiscal que ha sido impulsada sin convicción, sin prueba alguna, sin el más leve indicio sobre el ilusorio delito. Triste, lamentable y esencialmente repugnante es el acto que me concede la honra de comparecer y elevar mi humilde voz ante este tribunal».

Después, el genio de José Martí diría de Capdevila en una alocución a los exiliados de Tampa veinte años después, «el heroico vindicador, que en los dientes de la misma muerte, prefiriendo al premio del cómplice la pobreza del justo, negó su espada al asesinato».

A unas horas de conmemorar un aniversario más del 27 de noviembre de 1871, valdría la pena manosear con cariño este documento de seis días y seis noches interminables.

Que Dios permita que la sensatez, la moderación, el amor y un hondo sentido de justicia dejen cerrados en Cuba para siempre los días dolorosos de noviembre.

CINE

EL SÉPTIMO ARTE [49]

Han transcurrido cien años desde que Louis Lúmiere exhibiera al aire libre en el París de 1895, las escenas del primer documental fílmico de la historia del cine, titulado: «El arribo del tren».

Curiosamente, por la mente de este creador francés de finales del siglo XIX, no pasaron los aspectos comerciales del séptimo arte. Lúmiere sólo vislumbró la importancia científica del cine.

Años más tarde otro genio del cine, como Arthur Griffith, articuló el lenguaje a la narración gráfica y diferenció planos captados por el lente para darle al cine sus posibilidades de dramatismo humano y universal.

Inicialmente se desarrolla principalmente un cine mudo de carácter histórico y otro de carácter cómico. «Un viaje al Polo» del británico William Paul y «El nacimiento de una Nación» de Griffith, son exponentes de la expresión historicista. Y en «Max víctima de la quinina» de Max Linder y *El inmigrante* o *Armas al hombro* de Charles Chaplin, entre otras, se da expresión a la comicidad satírica.

En el transcurso de una generación posterior, la palabra se abrazó maravillosamente al Séptimo Arte para hacer surgir el cine hablado que hoy conocemos.

Después llegarían las técnicas dimensionales, los planos alterados y los trucajes, que hicieron del cine el entretenimiento dinámico-visual por excelencia.

Nadie pone en duda que el Séptimo Arte se ha convertido en la expresión artística más popular y configurada del ser humano en el presente siglo. El largo peregrinar de la expresión cinematográfica, le ha concedido a sus creadores el privilegio de la narración gráfica que

---

[49] *Diario Las Américas,* 11 de julio de 1995.

nace de esa libertad inherente a toda realización artística. Y de ahí se enraíza el papel predominante del cine en el corazón de los pueblos.

En otro sentido más importante, le legitimidad del cine se hace palpable con intensidad histórico-existencial, al haber sido capaz de rechazar el arte cinematográfico todos los peligrosos intentos manipuladores de represión ideológica objetivizante.

La faceta insolente, impositiva e intolerante del mundo moderno, que por suerte va cediendo su sitial al post-modernismo, pretendió con alevosía declarada utilizar al cine para sus proyectos totalizantes.

Pero no les fue posible, porque en toda expresión artística la libertad, que es su desencadenante básico, termina erguida y persistente.

Inclusive, el propio poder gigantesco del cine hollywoodense, acrecentado con la circunstancia del fin de la Guerra Fría, no ha podido evitar que todas las expresiones de dolor, terror y desahogo padecidas por cada generación de la post-guerra, se capten con dramatismo singular en el celuloide fílmico.

He ahí aún cercanos, «Las listas de Schindler» y «Romero», dos creaciones cinematográficas que verifican que el cine es un arte que identifica el desgarramiento del ser humano individual de su tiempo con su entorno social.

La imagen de rara comicidad de Buster Keaton en *Siete novias*, el hondo humanismo de Freeman en *Shawhank redemption*, la violencia social de Kurasawa con «Rashomon», el realismo al desnudo de Vittorio de Sica en «El ladrón de bicicletas» y la bondad infinita de Gullieta Massini en *Las noches de cabiria*, entre otros filmes de honda intensidad humana, que harían interminable esta lista, demuestran que la libertad creativa del Séptimo Arte ha derrotado los intentos del modernismo intolerante de poner al cine al servicio de sus ideologías represivas.

El cine ha cumplido cien años. Atrás van quedando sepultados los grandes imperios de violencia del siglo XX, aunque aún queden algunos presagios actuantes.

El post-modernismo del próximo siglo, que ya enseña sus primeras expresiones de convivencia, se apoyará, como el cine, en el uso de la narrativa pluralista, que será su sello fundamental, para reflejar el verdadero sentido de la misión del ser humano sobre la Tierra.

Y EL AZÚCAR SE HIZO AMARGA [50]

Al principio creyó el pueblo cubano en su revolución de 1959. Y la revolución se proclamó humanista. Se hizo la luz para salir de algunas tinieblas de la corrupción y el autoritarismo. Y todos se reunieron debajo de un cielo azul. Y los frutos por un momento parecía que producirían un poco más de dulzor.

Pero vino entonces la tentación del poder e ideas extrañas fueron importadas de allende los mares. Se quiso que el hermano persiguiera al hermano. Y que algunos hijos se mofaran del vientre que los vio nacer. Entonces la más férrea imposición y una cruel persecución sistemática sepultaron el cariño verde y la solidaridad del pueblo.

Y finalmente el azúcar se hizo amarga, sentenció León Ichaso con inmenso sentido de compromiso histórico en su film «Azúcar amarga».

Hace unas horas escasas que cayó el telón del Decimotercer Festival de Cine de Miami. Por lo tanto, una vez pasada la cita profética, comencemos por felicitar a Nat Chediak, Stephanie Martino y al resto del staff directivo que, por amor al cine, nos han brindado otro excepcional espectáculo de creaciones cinematográficas.

Entre todas, queremos compartir algunas con el amigo lector: «The White Balloon» del ya consagrado iraní Albas Kiarostani. Una película llena de ternuras infantiles y de infinitas honduras humanas.

«The Voice of the Moon» del inmortal Federico Fellini, curiosamente uno de sus últimos films es hasta ahora ignorado. «Flamenco» del extraordinario Carlos Saura.

Y aunque el film «Nadie hablará de nosotros cuando hayamos muerto» no nos convenció, a pesar de que venía precedido con el Premio Goya 1996 en España, vale destacar en él las actuaciones estupendas de Victoria Abril y Pilar Bardem.

---

[50] *Diario Las Américas*, 13 de febrero de 1996.

Y para cerrar con broche de oro, llegaron las 9 horas y 30 minutos pasado meridiano del sábado 10 de febrero. El teatro lleno de rincón a rincón esperaba con expectativa la película cubana «Azúcar Amarga» de León Ichaso.

Este joven director tiene en su largo récord de éxitos cinematográficos «El super», codirigida por Orlando Jiménez Leal; «Crossover dreams» con Rubén Blades y «Sugar Hill», con Wesley Snipes que se estrenó el año pasado en el Festival de Miami.

Desde su inicio, «Azúcar Amarga» se fue adentrando con absoluta veracidad en el ambiente asfixiante de la Cuba de hoy a través de varias historias de amor y desamor. Las actuaciones de René Laván y Mayté Vilán en los papeles del revolucionario en absoluta descomposición y la joven que se desgarra moralmente por encontrar a toda costa un camino de amor, son muy buenas. Los papeles de padre con Miguel Gutiérrez, de madre con Teresa María Rojas y el maestro con Luis Celeiro son obviamente consagrados. Y la gran actuación de la noche, la que obtuvo las mayores palmas, que no pudo ser más justa y merecida recayó en el papel del «rockero» que se inyecta el virus del SIDA, interpretado por el joven actor Larry Villanueva. ¡Enhorabuena!

La película «Azúcar Amarga» de León Ichaso tiene varios méritos que debemos señalar. El guión, la ambientación y la música presentan una vitalidad contagiosa que logran del espectador un inmediato sentimiento de participación. La confianza en realizar la película con actores cubanos exiliados fue un gesto de coraje y reconocimiento a los valores artísticos de sus compatriotas. Y finalmente el hecho de que la película se haya hecho con 700 mil dólares obtenidos de donaciones particulares, la convierte en casi un milagro de la cinematografía contemporánea en los Estados Unidos.

Y mil gracias a León Ichaso y su equipo de colaboradores integrados por Claudio Chea, Orestes Matacena, Pelayo García, Yvette Piñeiro, Manuel Tejada, José Ferro Jr. y Jaime Pina por mostrarnos con genialidad fílmica e histórica que el azúcar cubano se ha vuelto amarga...

MUERE EL CREADOR DE
FRESA Y CHOCOLATE [51]

«Ha muerto un baluarte de la cultura de Cuba e Hispanoamérica», dijo el embajador de España, Eraldo Mirapiex. De La Habana nos llega la triste noticia del fallecimiento de quien, sin lugar a dudas, puede considerarse el mejor cineasta cubano de todos los tiempos y uno de los críticos cinematográficos más agudos, incisivos e irreverentes con la intolerancia del oficialismo comunista imperante en la desdichada Isla.

Tuvo la habilidad poco común y la controvertida posibilidad de ser un crítico desde adentro. Por mucho menos de lo que expresó este creador cinematográfico, otros fueron a parar tras las rejas de una prisión o al destierro. En una ocasión declaró: «que los ultra-ortodoxos del aparato del poder comunista conciben la situación de la Isla como una fortaleza sitiada y piensan que hacer concesiones es colocar armas en las manos del enemigo. Nunca he creído en eso. Al contrario, la crítica es necesaria porque es la única vía para desarrollarnos. Lo mejor para nuestros enemigos es que no critiquemos nuestros errores».

También afirmó como «muy torpe» la reacción oficial de censura pública a la película. «Alicia en el Pueblo de las Maravillas» (1991) del cineasta cubano Daniel Torres.

Nacido en 1929, en el seno de una familia de la clase media habanera, Tomás Gutiérrez Alea, alias Titón, muere a los 67 años, a causa de una vieja dolencia cancerosa en el pulmón.

Demostrando el coraje de los grandes creadores, desde su lecho de enfermo terminal, planeaba realizar su última película «Éramos tan vírgenes», basado en un guión de su esposa, la excelente actriz Mirta Ibarra.

---

[51] *Diario Las Américas*, 30 de abril de 1996.

Tomás Gutiérrez Alea se consideraba un fiel discípulo del neorrealismo italiano y un admirador de uno de sus mejores intérpretes, el cineasta Cesare Zavattini. Entre las mejores películas de Gutiérrez Alea podemos enumerar: «La muerte de un Burócrata» (1960), una crítica hiriente a la burocracia oficial; «Memorias del subdesarrollo» (1962), una muestra del maltrato oficial innecesario a la clase desplazada; «Los sobrevivientes» (1970), un plano mordaz del marginalismo provocado que se resiste a morir, a pesar del acoso totalitario. Y «Fresa y chocolate» (1993), la historia de un homosexual perseguido y maltratado con brutalidad por la intolerancia oficial comunista. Esta película conquistó diversos premios entre ellos, el «Oso de Plata» del Festival Cinematográfico de Berlín, el Premio Goya de España, el Primer Premio del Festival de La Habana y la primera nominación al Oscar de una película cubana.

También realizó otras películas, que complementan con fuerza admirable su inserción cultural en la tradición cinematográfica cubana: «Las doce sillas» (1963); «Una pelea contra los demonios» (1971); «La ultima cena» (1975); «Hasta cierto punto» (1983); y finalmente «Guantanamera» (1995), en co-dirección con Juan Carlos Tabío, que es una sátira honda de las muchas estupideces que genera la centralización represiva del sistema comunista.

Cientos de personas asistieron a la Misa que en su memoria se ofició en la Iglesia del Ángel en la capital habanera, en la que estuvieron presentes su esposa Mirta Ibarra y su hija Marina Gutiérrez. También en el cementerio de Colón se congregó un numeroso grupo de sus amigos para dar el último adiós al cineasta cubano.

Descanse en paz este creador de entuertos, que aunque no pudo decir todo lo que hubiese deseado cinematográficamente, supo decir verdades que hirieron e hicieron temblar de miedo al inmovilismo oficial cubano.

¡Qué Dios lo bendiga en su descanso eterno y acompañe a sus familiares en estas horas de dolor supremo!

LA VITA E BELLA [52]

El cine ya ha cumplido más de un siglo desde que Louis Lumiere y Arthur Griffith concibieron la importancia científica del mismo, el primero, y la articulación del lenguaje a la narración gráfica, el segundo.

Y pocos dudan ya que el post-modernismo, que debe dejar sepultados en el recuerdo a los grandes imperios de violencia que lo precedieron, como el comunismo y el nazismo, se apoyará en la narrativa pluralista, popular y creativa del Séptimo Arte para sus expresiones de libertad, reconciliación humana y convivencia social.

Todos los años dedicamos una nota periodística a compartir con el amigo lector la película que más nos ha impresionado en el ciclo anterior, en este caso durante 1998, y que próximamente estará compitiendo con muchas posibilidades por los Oscares del cine.

Entre los filmes que hemos tenido tiempo para ver hay que señalar los siguientes: «Saving Private Ryan» «una apología de la fidelidad y la ternura en medio de los horrores de la guerra»; Shakespeare in Love» «una estupenda apología de que el amor lo puede todo»; «Horse Whisperer» «una fascinante apología a la naturaleza y al esfuerzo humano».

Pero vale la pena que destaquemos la mejor entre todas: «Life is Beautiful» «La Vida e Bella» del genial director, actor y guionista italiano Roberto Bergini.

Debo confesar al amigo lector que este film me sorprendió en todo el sentido de la palabra. Conocíamos las dotes histriónicas del actor y la versatilidad de sus guiones. Pero nunca pensamos al sentarnos en la butaca del cine, que estábamos en presencia de una de las mejores películas de todos los tiempos...

---

[52] *Diario Las Américas,* 9 de febrero de 1999.

La película transita con originalidad trágico-cómica por los horrores del totalitarismo nazi. Pero su argumento no es la denuncia típica ya repetida hasta la saciedad y con enorme peso argumental por el cine clásico.

Este film versa alrededor de un personaje llamado Guido, que al ser enviado con su hijo y un tío a los campos de concentración, tiene la ocurrencia feliz de inventar un juego en el que el niño se involucra con toda intensidad infantil posible y no se percata del horror de su entorno.

Es casi un juego singular a los escondidos, con una ternura implícita maravillosa que la hace profundamente humana. Y la ocurrencia genial es que los únicos personajes de este juego lleno de complicidades con la comicidad y la tragedia que provoca el salvajismo de la violencia son los nazis y los prisioneros, entre ellos Guido y su hijo.

El film transcurre entre escondidas, maldades y burlas del niño con los guardias de la prisión, a los que en su ternura inocente y fugaz no ve como enemigos de la humanidad.

Con «La Vita e Bella», Roberto Bergnini, consagra su capacidad creativa a niveles insospechados en el mundo cinematográfico de finales del siglo XX.

Y no nos parece atrevido ni exagerado afirmar que «La Vida e Bella» es un film supremo de genialidad indiscutible, que puede parangonarse al lado de la rara comicidad de «Siete Novias» de Buster Keaton, o de la violencia social de Kurasawa en «Rashomon», o del realismo desnudo de Vittorio de Sica en «El Ladrón de Bicicletas» o la bondad infinita de Gullieta Massini en «Las Noches de Cabiria».

No se pierdan esta joya del cine grande, que en inglés aparece titulada como «Life is beautiful» del realizador italiano Roberto Bergnini.

Y así comprobarán que al nacer traemos los dones infinitos para sonreír, aunque también la vida a ratos de rarezas, nos haga lagrimear.

MÚSICA Y POESÍA

SERAFINA NÚÑEZ
MUJER DE MADRUGADA [53]

«Soy una poetisa sentimental y emotiva, profeso la pasión intensa, no la pueril y creo definitivamente en el amor», dijo con ingenuidad y franqueza la escritora cubana Serafina Núñez de 88 años al llegar a Miami, invitada por la Feria Internacional del Libro.

Linda mujer de madrugadas, de porte altivo, de trenza adolescente, de mirada gitana, de atención curiosa, de cuerpo de gacela, de alma de marfil, de manos de caricias infinitas y de perfil de princesa.

«Yo tengo para tu prisa la calma de un árbol viejo... el sabio fuego en mi espejo... da el azul a mi sonrisa... » verso de una sensibilidad maravillosa de esta escritora cubana.

Serafina Núñez, la exquisita poetisa cubana que se impuso un silencio en el panorama literario cubano desde el mismo triunfo de la revolución en 1959 hasta la publicación en 1992 de su antología «Los reinos sucesivos», llegó el viernes pasado a Miami como invitada de excepción de la Feria Internacional del Libro.

Y nos trajo fuertemente aprisionado entre sus manos y entre los rincones de su alma, ese azul intenso de sus versos que nos obliga a recordar irremediablemente «a ese Dios azul que azula las cosas de abajo» de su amoroso maestro Juan Ramón Jiménez, Premio Nobel de Literatura en 1956 y el hombre que definitivamente inspiró y marcó con pasión de aurora el compromiso de Serafina Núñez con la poesía y con el amor adulto.

«Tu delicado azul me ciñe toda... en la seda fugaz de lo vivido...», verso apasionado de Serafina Núñez.

La Feria del Libro se vistió de gala como nunca antes y la ciudad de Miami se engalanó de rosas rojas (el viernes pasado) cuando en el auditórium hizo su entrada triunfal en una silla de ruedas, esta exquisi-

---

[53] *Diario Las Américas*, 20 de noviembrfe de 2001.

ta poetisa y bella mujer de 88 años, cubana de nacimiento, cubana por excepción de versos íntimos y fina estampa y cubana por apego verdadero a su tierra, porque, como Lezama Lima, prefirió el largo silencio en su terruño, impuesto por la intolerancia del régimen opresor, a optar por el abandono de la distancia suicida en tierra ajena.

«Si tu rostro se deshoja en el aire del mundo, no importa, quedará su aroma», verso exquisito de Serafina Núñez.

Serafina Núñez es una poetisa plena en intimidades que no teme al largo silencio de la soledad. También obsesionada por lo que somos en la vida y por lo que seremos en la muerte.

Y en medio de un auditórium colmado de público para escucharla en la Feria Internacional del Libro, no tuvo reparos en confesar sus amores de juventud y de locura con José Ángel Buesa, que finalmente se quebraron por su amistad poética y apasionada con Juan Ramón Jiménez.

«Nadie persigue al ciervo que se obstina, pero el dulcísimo azul conmina y entre senderos de otras frondas huye», versos profundamente existenciales de Serafina Núñez.

En su incansable caminar por los senderos de la poesía también contó el viernes de su amistad con Gabriela Mistral y del estímulo inapreciable que produjo en su juventud la confesión en una carta de la Mistral a ella, en 1938, diciéndole «que le entusiasmaban sus poemas».

«Me dolió mucho el silencio entre 1959 y 1992», dijo una y otra vez Serafina Núñez en la Feria Internacional del Libro en Miami. Pero me quedé tranquila escribiendo:

«En el pozo de la noche, la piel se vuelve de agua, con sus peces y sus barcas... », verso nocturno de Serafina Núñez».

A su vez rememoró la poetisa con satisfacción y alegría el humanismo de Lezama Lima y sus largos coloquios con él. Habló de la miseria de Ponce, que la abrazó hasta su muerte. «Tal vez el mejor pintor cubano de todos los tiempos», dijo Serafina.

Y confesó con infinita ingenuidad que escribe siempre sus poemas en el silencio de cada madrugada.

Finalmente agradeció al público por valorar a quienes se preocupan por el espíritu, sin dejar de regañar a su hija Merceditas por no traer una revista que había publicado un reportaje sobre su poesía.

Gracias doña Serafina Núñez por venir a Miami, donde agoniza también en silencio una parte de Cuba.

Y una súplica final, por favor, que Merceditas la lleve a visitar ese pequeño rincón de Coral Gables en memoria de don Juan Ramón Jiménez y antes de despedirse de Miami, déjenos un verso en matices de azul, pero escrito en esta tierra de tantos dolores y ausencias.

MUERE RAFAEL ALBERTI

ADIÓS a uno de los grandes de la poesía.

«Si ganamos la llevaré a que mire los naranjos a que toque el mar que nunca ha visto y se llene el corazón de barcos»...
El poeta volvió a su mar, a su entrañable mar, al mar de sus sueños, al mar de su infancia, al mar de sus amores, al mar de sus aguas cálidas, al mar de su refugio, al mar eterno de tantas confesiones íntimas y ocultas.

Rafael Alberti tenía 97 años, pero siendo adolescente escribió su poemario *MARINERO EN TIERRA* por el que obtuvo el Premio Nacional de Literatura en España.

Fue en estos versos juveniles en donde plasmó su juramento de fidelidad a las aguas azules de su mar.

«Cuánto tiempo me queda, oh mar, para mirarte cuántas mañanas para verte cuántas noches para soñarte cuántos dolores para no tenerte. Dímelo si lo sabes, dímelo».

En las aguas de la bahía de Cádiz, por deseos propios, han sido esparcidas las cenizas de Rafael Alberti, poeta, pintor, escritor de teatro y autor de romances.

Con Alberti muere el último eslabón poderoso de los inolvidables y grandes actores de la generación literaria del 27 en España.

No le gustaba a Alberti hablar de la muerte, hubiese querido vivir cien años, quería desesperadamente ser testigo del nuevo siglo. Profesaba ideas comunistas, pero nunca escribió una sola frase siguiendo órdenes políticas y vivió toda su vida con el mar empozado en cada rincón de su cuerpo y de su psiquis.

Y durante su prolongado exilio de 40 años, consecuencia de la guerra civil española, escribió aquel inolvidable *Poemario del destierro*:

«Cuando el trigal se duele amigo, amigo se duele todo el trigo. Si se duele una ola son todas las que rompen a llorar»...

La poesía fue para Alberti desde muy joven su expresión por excelencia, su pasión y su refugio. En sus versos volcó su amor al terruño, la nostalgia del destierro prolongado, el recuerdo ineludible, el dolor humano, el amor íntimo. En la magia preciosa de su quehacer poético fue capaz de rasgar ternuras, de perdonar ofensas, de mostrar cada trozo de cal empapelada y de sembrar jazmines en cada llovizna entretejida de soledad.

Confieso que guardo con devoción entre mis libros preferidos una edición pequeña de Espasa Calpe de los «Poemas del Destierro y la Espera» de este gigante de la poesía que acaba de fallecer y que me ha acompañado en muchos de mis viajes de desterrado, cuando aprovecho para sumergirme o escaparme por los senderos maravillosos de la poesía.

Cuando Alberti regresó a España en el año 1977, después de su desgarrante y prolongado destierro, como todos los destierros no importa el color con que pintemos la esperanza, pues todos tienen similitudes pasmosas de nostalgia y dolor, declaró con humildad digna que su alma estaba henchida de sentimientos de reconciliación y de perdón por lo sufrido para todos los españoles: «ME FUI CON EL PUÑO CERRADO Y REGRESO CON LAS MANOS ABIERTAS».

Adiós, maestro amoroso del mar, de la melancolía y de la espera.

Que Dios, con el cual nunca tuviste una fe de relación viva, te acoja en su seno de infinita misericordia para siempre.

EN MEMORIA DE PABLO NERUDA

Soy de los que piensan que el arte hay que valorarlo y disfrutarlo por su valor intrínseco, al margen de los idearios y de las preferencias políticas del autor, pues de lo contrario, no podríamos ser capaces de valorar la grandeza social del escritor comunista José Saramago ni la hondura místico-humana del poeta católico Seamus Heaney, ambos Premios Noveles de Literatura en 1994 y 1995 respectivamente.

Por eso debo confesar que no me asusta hablar de Pablo Neruda, pues el valor poético del chileno alcanza una sensibilidad humana impresionante que supera cualquier equívoco de filiación política, que él, como muchos, obviamente tuvo.

Como dice el viejo adagio: «errar es de humanos».

Para el sosiego de la poesía, al final de su vida, también Neruda, como casi la humanidad en pleno, despreciaron y criticaron a Stalin.

Para quienes nos gusta manosear el intimismo de los versos, el aniversario cien del nacimiento de Neruda debe ser un motivo para contemplar ese simbolismo maravilloso en sus poemas, que sintieron en la lluvia su primera pasión adolescente y que después se abrazaron al mar con la lealtad infinita de un navegante busca llegar a la playa para descubrir la misterios, las necesidades y los amoríos del ser humano.

«ámame dormida y desnuda, que en la orilla... eres como la isla... amor escondido en la cavidad de los sueños».

La obra poética de Pablo Neruda tiene la genialidad y la virtud, de que sus versos terminan con frecuencia en el ritmo cadencioso de una canción, como en los 20 poemas de amor:

«El viento de la noche gira en el cielo y canta
puedo escribir entonces los versos más tristes esta noche».

Resulta alarmante cómo las principales editoriales del mundo le huyen a la poesía por razones de mercado. Pero en fin, hay que aceptar que estamos ante una época de pragmatismos monetarios y no de entusiasmos delirantes. Penoso el panorama.

Confiemos en que esta apatía sea circunstancial y no se convierta en una herencia inconsciente del pasado materialista y opresor, que inclusive tuvo la osadía de perseguir la poesía, porque en los versos se compartía con pasión y compromiso ineludible, el dolor humano.

Se acaban de cumplir cien años del nacimiento de Pablo Neruda. En una ocasión histórica, cuando Matilde Urrutia, su esposa hablaba con los militares que injustificadamente allanaban su casa, ella con su voz suave y tranquila les dijo a los soldados:

«En esta casa lo único peligroso que encontrarán es la poesía».

Neruda fue galardonado con el Premio Nobel de Literatura en 1971. Y en sus inolvidables palabras de aceptación, dijo ante el mundo:

«No hay soledad inexpugnable y por eso es preciso atravesar la soledad y la aspereza, la incomunicación y el silencio para llegar al recinto mágico en que podemos danzar torpemente o cantar con melancolía».

No hay duda de que Neruda supo cantar las quejas de esa América doliente y exponerlas al mundo con entera franqueza y humildad.

Cualquier ser humano podría cantarle a su patria con estos versos del poeta dedicados a su país natal, que forman parte del Canto general a Chile:

«Patria mía, quiero mudar de sombra... quiero cambiar de rosa... y sentarme en tus piedras por el mar calcinadas... a detener el trigo y mirarlo por dentro».

Neruda, como José Martí, tuvo pasión por la obra poética, llena de sabor humano, del poeta norteamericano Walt Whitman. Pero también Neruda quiso mucho la obra del Apóstol de la Independencia cubana, cuando profetizó, «donde se abran tus últimas cortezas yace Martí como una almendra pura».

El poema dedicado a su única hija Malva Marina, que murió muy joven por una cruel enfermedad, revela la desesperación y el dolor intenso de un hombre agobiado por el destino, «estoy herido en solamente un pétalo y sube un río de sangre sin consuelo y me ahogo en las aguas del rocío.»

En Neruda hay una conciencia cierta del final que trasciende y de la naturaleza que no muere, «me muero con cada ola cada día... me muero con cada día en cada ola... pero el día no muere nunca... no muere... ».

ADIÓS A LILY BATET

Cuba tiene necesidad de cantar, de reír, de compartir, de componer, de hacer de la vida todo un hilo de esperanzas, de amores y de entendimiento, más que de seguir sufriendo esa hecatombe patética y continuada de persecuciones y encarcelamientos.

Por eso hoy nos conmueve el fallecimiento de Lily Batet, esa gran dama de la canción cubana, que supo cantarle a Cuba desde lo más hondo de su alma, a través de las cuerdas de su guitarra y de sus canciones.

Lily traía en sus venas la veta musical, pues su madre Lizzie Morales, fue una reconocida pianista de la Orquesta Sinfónica de Cuba.

Con apenas cuatro años, la Batet ya tocaba el piano de oído, pero siempre prefirió abrazarse a su guitarra para la expresión musical. Y ambas, la guitarra y Lily, se acompañaron con fidelidad inseparable hasta hace unos escasos días.

El dúo de Lily Batet con su amiga de toda la vida, Margot Blanco, se paseó por muchos países repartiendo compases de alegría y de romanticismo. Tuvieron la enorme distinción de cantar en la Casa Blanca ante el presidente Franklin D. Roosevelt el 20 de mayo de 1939, después de haberle regalado una bandera cubana al mandatario estadounidense.

Ambas posteriormente contrajeron matrimonio con los hermanos Antonio y Gaspar Contreras. Y las responsabilidades de familia primaron por sobre las promesas de la fama artística.

Sin embargo, durante su triste y prolongado exilio, a pesar de haberse retirado de la vida artística, Lily nunca abandonó el contacto con su instrumento musical preferido ni con sus composiciones musicales.

Formó y dirigió una academia de guitarra en Miami que educó a cientos de estudiantes en el arte de hacer vibrar ese instrumento musical de cuerdas y cuerpo de mujer.

También daba clases de guitarra en la Universidad de Miami, en el Koubek Center y en colegios privados.

Se puede decir que su labor infatigable en la enseñanza, mediante la guitarra y el vibrar de sus cuerdas, sembró semillas de cultura musical que crecerán y perdurarán en el tiempo. Quién no recuerda esos amorosos versos de su afamada canción:

«quisiera sólo un beso de tu boca... de esa boca que adoro con locura... para ver si con toda mi ternura... logro al fin conmover tu alma de roca»

Algunos podrán pensar que Lily Batet ha fallecido en la ciudad de Miami. Y es cierto si pensamos con inmediatez geográfica, pero hay que decir con inusitado atrevimiento, que realmente esa gran dama de la canción cubana no ha muerto en el corazón de su adolorida Cuba, su país natal, al cual adoró con pasión infinita.

Con Lily Batet muere un poco de la alegría cubana, pero queda su canción, que renueva esperanzas y despierta una fe cierta en los acordes del amor, que hace a los seres humanos más dignos y más buenos.

Debo confesar al amigo lector que he disfrutado el inmenso privilegio que la vida me ha concedido, al conocer muy de cerca a Lily Batet, a su compañera Margot Blanco, a los hermanos Contreras, sus esposos, y al resto de toda la familia.

Linda familia plena de sensibilidad y acogedoras sonrisas.

Reciban sus dos hijos Lilita y Manolo, sus nietos y bisnietos, todo el cariño del cual Lily era merecedora.

Su esposo y su hijo Gaspar, fallecidos con anterioridad, deben haberse reunido ya con ella en ese misterioso reino de la eternidad para escuchar nuevamente su melodiosa voz.

Dios bendiga a toda esta familia Contreras y Batet que hereda hoy, el encanto de una gran dama de la música romántica y el hechizo imperecedero de sus versos cadenciosos y amorosos hechos canción.

Cuba tiene necesidad de cantar, de reír, de compartir, de componer, de hacer de la vida todo un hilo de esperanzas, de amores y de entendimientos, como lo hizo en vida Lily Batet, más que de seguir sufriendo esa pesadilla continuada de persecuciones y encarcelamientos.

FUERA DE JUEGO [54]

«Al poeta despídanlo... ese no tiene nada que hacer... no entra en el juego... no se entusiasma... no pone claro su mensaje... », versos del poemario *Fuera de Juego* de Heberto Padilla

¡Qué débil, cobarde e inconsistente es la moral de un gobierno que tortura síquicamente a un poeta por la melodía libre y metafórica de sus versos!

Si algún libro ha sido capaz de poner al desnudo la naturaleza estalinista, soez y represiva de la revolución cubana, ese ha sido sin lugar a dudas el poemario «Fuera de Juego» del escritor Heberto Padilla.

Al poemario se le concedió en La Habana el premio de poesía de la Unión de Escritores y Artistas Cubanos (UNEAC) en 1968. Sin embargo, el aparato de poder castrista reaccionó con furia ante el autor por la honradez crítica de señalar en versos que el sistema comunista traicionaba los postulados democráticos y humanistas que habían hecho posible el triunfo mismo de la revolución.

En 1971 el poeta es detenido al considerar el régimen castrista que sus versos eran subversivos e intolerables.

¡Qué horror, subversivos un puñado de versos escritos con el corazón adolorido y decepcionado!

Se desencadena entonces en el mundo intelectual el llamado escándalo Padilla. Intelectuales de todos los rincones del planeta, desde Sartre, Julio Cortázar, Simone de Beauvior, Vargas Llosa, Federico Fellini, Juan Rulfo y Octavio Paz, entre otros, protestaron ante el régimen de Fidel Castro por el tratamiento humillante y carcelario en contra del poeta:

«En tiempos difíciles a aquel hombre le pidieron su tiempo... sus ojos... sus labios... un par de piernas... el bosque que lo

---

[54] *Diario Las Américas*, 14 de noviembre de 1998.

nutrió de niño... el pecho... el corazón... los hombros... la lengua... Finalmente le rogaron que echase a andar...»

La XV edición de la Feria del Libro de Miami que acaba de concluir y Ediciones Universal se vistieron de aciertos al honrar a Heberto Padilla con la edición de *Fuera de Juego* en el 30 Aniversario del poemario.

Según palabras del editor Juan Manuel Salvat, «Fuera de Juego desencadenó la crisis más significativa de la cultura cubana contemporánea».

Si los fusilamientos de la revolución cubana mostraron al mundo la faz agresiva y criminal del régimen, la represión totalitaria contra Heberto Padilla y su poemario *Fuera de Juego* mostraron que el comunismo cubano, al igual que el estalinismo ruso, no tenían un ápice de respeto por la libertad creadora del ser humano.

El homenaje en la Feria del Libro contó con la presencia del poeta y con una nutrida representación de escritores cubanos exiliados que lo acompañaban. Durante el merecido homenaje, Padilla declaró: «ha sido una celebración que se merecían desde hace tiempo los escritores perseguidos de la isla.»

Los 30 años de *Fuera de Juego* han servido para resaltar toda una cultura genuina, sufrida y valerosa de creadores cubanos, hasta ahora un poco olvidados por el mundo de la cultura.

Paradójicamente, con una generación de distancia golpeando nostalgias, callejuelas, recuerdos y sinsabores, hoy podríamos afirmar que tanto el poeta Heberto Padilla, como su poemario *Fuera de Juego* siguen transitando decentemente por el decursar de la historia cubana.

El que realmente ha quedado fuera del juego, aunque todavía manipule torpemente y a destajo el poder político, es el sistema comunista imperante en Cuba, con sus tristes y arcaicos personeros.

«No intentes convencerme de que toda esperanza tiene que estar un tiempo entre las manos de los verdugos».

POETA CATÓLICO AL NOBEL LITERARIO [55]

La soberbia materialista, exacerbada por el triunfo de la razón desde la Revolución Francesa, no se percató de que su apasionado y locuaz proyecto iba a crear horrorosos sistemas de persecución, como el nazismo y el comunismo, que se orientaron a sepultar el mundo íntimo y libre de la poesía.

«Cuando rasgo la tierra me yergo radiante como una rosa matinal», verso de un poema intimista de Seamus Heaneu.

Con enorme alegría y regocijo el mundo mágico de la poesía ha recibido la noticia de que Seamus Heaney, un poeta irlandés, casi desconocido en el mundo literario hispanoamericano, acaba de obtener el Premio Nobel Literario de 1995. Una vez más el maleficio oral de algunos profetas de la insensibilidad, que han anunciado la muerte de la poesía, ha quedado en entredicho.

«Mi lugar de agua clara/la primera colina del mundo/donde los manantiales/lavaban el radiante pasto/y oscurecían las piedras/en el lecho del sendero».

Mientras algunos críticos se aventuraron a predecir que la distinción literaria caería en manos del peruano Mario Vargas Llosa, del alemán Gunter Grass, del chino exiliado Bei Dao, del belga Hugo Claus o del portugués José Saramago, los jurados suecos se inclinaron por la obra poética de honda belleza lírica de Seamus Heaney, que se preocupa por evocar el quehacer cotidiano y los rumores amorosos de la naturaleza tierra:

«Caminaba contigo y otra dama en un parque de árboles/la hierba susurrante/recorría con sus dedos/nuestro adivinatorio silencio».

---

[55] *Diario Las Améicas*, 7 de noviembre de 1995.

Seamus Heaney es el mayor de nueve hermanos de una familia católica de campesinos irlandeses. Nació en 1939 en Derry, Irlanda del Norte. Sus poemas, que emiten ese soplo típico de supervivencia del género literario que hace de la cadencia del verso su identidad, cargan con una fuerza adicional por la violencia esquizofrénica que ha desangrado a su tierra natal en hostilidades religiosas interminables.

«Y yo que podría convenir/con la indignación civilizada/ entiendo, sin embargo/ la exacta y tribal, íntima venganza».

En el siglo que se va despidiendo, otros tres escritores irlandeses han precedido a Seamus Heaney con obras de trascendencia universal: William Yeats (Nobel 1923), un poeta mayor y excelente teatrista que transformó en su época la visión espiritual y humana de este siglo. James Joyce, el novelista que revolucionó el estilo narrativo con su «Ulises». Y Samuel Beckett (Nobel en 1969), obsesionado por el absurdo del quehacer humano, que terminó siendo un innovador de las letras del siglo XX.

Seamus Heaney construye sus versos evocando momentos humanos muy específicos del entorno de la tierra: «Todo alrededor nuestro era/aunque no lo habíamos nombrado/el ministerio del terror».

La obra de Seamus se caracteriza por un espíritu de cierta soledad impaciente. Sus versos son composiciones simples sobre percepciones específicas, paisajes embozados en su alma y manoseados por ese sol que nos comparte a todos en su signo de esperanza.

«Y yo entonces/como dios apresurado por alcanzarte/antes de que te transformaras en junco».

El mundo de la literatura espontánea y libre, del cual la poesía es su protagonista más íntimo y musical, celebra en grande que uno de los suyos, en este caso Seamus Heaney, haya vuelto a reafirmar que el espíritu creativo del ser humano no será vencido jamás por el decadente materialismo-racionalista del siglo XX.

Mil gracias a Seamus Heaney en nombre de todos por recordarnos: «que ahora vuelto como Hansel/a sus piedras iluminadas por la luna/ a rehacer el camino recogiendo botones».

POEMARIO DE MANUEL VILLANUEVA [56]

El domingo asistí a la presentación del poemario de Manuel Villanueva, donde se reunieron más de doscientos personas, entre amantes de la poesía y ex prisioneros políticos cubanos, compañeros del autor.

Fue un mediodía de versos, recuerdos y emociones.

Manuel Villanueva pertenece a esa estirpe distinta de seres humanos, que anda por la vida cargado de sencillez y a paso de humildad. Villanueva no busca honores y sin embargo le sobran.

Su vida ha sido consecuente, sufrida, heroica. Desde los seis años, su noble padre le enseña a tocar el violín. De esta siembra de arpegios y armonías musicales, crece su afición por la música y la composición.

Cuando Cuba atraviesa las primeras encrucijadas de pesadilla totalitaria, este hombre desde las aulas de la Universidad de La Habana, proclama la confrontación beligerante y la ejecuta con enorme fidelidad y coraje. De ahí sus largos años en el presidio político, donde se destaca además, como violinista y compositor.

Su canción «La Montaña», se convierte dentro del presidio político, en un himno de compromiso y amor por la patria. Los acordes de su violín fueron una sonrisa tierna para aliviar nostalgias. Otra canción, «Caminos del paredón», fue un digno reconocimiento a los mártires de aquellos años grises.

Una vez dejado atrás el presidio, marcha al exilio. Obtiene entonces el Tercer Premio del XX Certamen Literario de Poetas Iberoamericanos de Nueva York y el Primer Premio Agustín Acosta del Liceo Internacional de Cultura de California.

Cuando este libro llegó a mis manos hace algunas semanas, le confieso al amigo lector que lo leí de un tirón teñido de recuerdos y de tristezas. El libro integra poemas escritos en la prisión y poemas

---

[56] *Diario Las Américas*, 3 de octubre de 1995.

posteriores del exilio. Todo un estilo sencillo y rítmico. El libro se titula, «Detrás de la Esperanza».

«Estoy sentado/donde muere la tarde/donde nace el olvido/donde pierden las hojas/sus colores tan vivos/Y es por eso que ahora/cuando tengo delante la esperanza sin vida/le pregunto a la tarde/le pregunto al olvido/por qué pierden las hojas/sus colores tan vivos?»

Después un poema al presidio. «Estas cosas de preso/que aunque no quiera/me salen a flor del alma/pues a pesar de todo/heme aquí en este presidio/con una sonrisa de preso viejo/con un antiguo sueño estrujado en la mano derecha».

El poema a su padre, del cual heredó todas sus bondades: «De mi padre el pintor/la dulce herida/que se me abre/al contemplar la iglesia/las dos torres cuadradas en la nube/el árbol amarillo entre verdoso/la aguja sobre el cielo/la cornisa/De mi padre el pintor un color rojo/de mi padre el pintor un color verde/de mi padre el pintor un color claro/de mi padre el pintor/un color fuerte».

Y un poema de sensibilidad, grande y hondo: «Hoy no puedo saludar la primavera/aunque la tarde sea abrileña/y en cada ola te llegue un madrigal/Hoy yo soy un nocturno grave/silencioso y profundo/no puedo saludar la primavera aunque sienta la alondra salirse de mis ojos. No puede ser; aunque quiera volverme golondrina, no puede ser...»

En la segunda parte del libro nos topamos con los poemas escritos en el exilio: A Lourdes, su inseparable esposa. «Pasó un pájaro/y dejó una estela de cariño en el cielo. Pasó un barco/y dejó un surco de ternura en el mar. Pasó un niño/y dejó una esperanza prendida en la aurora. Pasó todo/y al final de la calle... quedamos tú y yo...»

A un Viejo Cubano Jugador de Dominó: «Se ve que ha sido en vano la risa de estos años/La radio va diciendo la mentira de siempre/Mientras pasan los pobres montados en sus pies/el Viejo va sintiendo la crueldad de estos años/ha caminado ensueños perdidos en la noche/porque ya ha comprendido/que no puede volver...»

Los poemas de Villanueva son íntimos, hondos, bellos y limpios. En sus versos hay dolor humano y en todos hay una esencia de amor verdadero.

Les recomiendo su lectura para que entiendan realmente lo que se siente «Detrás de la Esperanza...»

IV

SOCIEDAD, ECONOMÍA Y POLÍTICA

MOMENTO CUMBRE DEL PERIODISMO [57]

Hoy quiero compartir con mis amigos lectores uno de los momentos cumbres del periodismo y de la jurisprudencia en la historia de los Estados Unidos. Momento que se convierte en casi una obsesión docente con mis alumnos del curso sobre Ética del Periodismo (Periodismo y Leyes), que imparto desde hace algunos años en el Koubek Center de la Universidad de Miami. Por eso a ellos quiero dedicarles esta viñeta periodística.

Se comenta mucho por los entresijos de la vida contemporánea que el periodismo ha ido perdiendo credibilidad. Y realmente no me parece cierta esa afirmación. Lo que viene perdiendo credibilidad en el mundo informativo, y no creo que a esta modalidad expresiva se la deba calificar de periodismo, es a la deformación parcializada y fanática de la verdad del hecho que acontece.

Y esta farsa expresiva, ya sea escrita, televisiva o electrónica, no es periodismo, aunque algunos de sus voceros quieran llamarlo con ese vocablo.

Pero volvamos al momento cumbre, que ocurre cuando la Corte Suprema de los Estados Unidos en 1971, dictamina que los famosos Documentos del Pentágono sobre la guerra de Viet-Nam tienen que mostrarse al público.

Claro, tenemos que adentrarnos a desentrañar por qué se produce este dictamen, que unido a la Primera Enmienda de la Constitución, conforman los dos enunciados fundamentales que sustentan la libertad de expresión en Estados Unidos, grandeza.

Daniel Ellsberg, un antiguo oficial del Pentágono, convertido en un severo crítico de la guerra de Viet-Nam, pudo obtener las siete mil páginas de documentos secretos de los Departamentos de Defensa sobre las interioridades de esa guerra.

---

[57] *Diario Las Américas,*

Ellsberg se demoró meses, en un trabajo agotador de noche tras noche sacando copias de los documentos y analizándolos con los abogados en la propia Rand Corporation, con sede en Santa Mónica, California, para la que trabajaba.

Además, hubo que realizar un análisis paralelo con mucho criterio profesional, para saber con certeza que los documentos eran fidedignos.

La importancia del material no daba margen a la improvisación.

Una vez con el material analizado, la propia Rand Corporación le dio el visto bueno para que Ellsberg se los entregase al periodista-poeta Neil Sheehan de la revista Time.

Inmediatamente el gobierno del presidente Richard Nixon intentó obstaculizar su publicación y llevó el caso hasta la Corte Suprema.

Regresaba a la luz pública con los Documentos del Pentágono, la vieja polémica entre el secretismo gubernamental u oficial y la libertad de prensa y expresión, que tanto la Primera Enmienda como este Dictamen de la Corte Suprema se inclinan casi siempre porque prime el conocimiento público.

Según el magistrado Hugo Black, que fue el juez designado para redactar el dictamen que sienta cátedra y jurisprudencia sobre los Documentos del Pentágono, y además consolida el sentido de largo alcance de la Primera Enmienda, en cuanto a que el Senado no podrá emitir ninguna ley que lesione o restrinja la libertad de expresión, el dictamen en cuestión hace constar que el poder del gobierno de censurar a la prensa fue abolido para que la prensa tenga siempre libertad para censurar al gobierno».

TERRORISMO, HERENCIA DEL SIGLO XX [58]

En estas horas siempre nostálgicas, ya en víspera del Año Nuevo que se avecina al doblar del próximo atardecer, hemos permitido que la mente nos conduzca espontáneamente a reflexionar sobre el terrorismo, que definitivamente es el tópico más acuciante de nuestra era.

Amén de sus avances tecnológicos indiscutibles y de introducirnos en la era maravillosa de la comunicación electrónica, conjuntamente con esa expresión de amor infinito hacia los más pobres - que con profunda devoción a Dios y humildad personal nos legara para todos los tiempos la Madre Teresa de Calculta - debemos decir que el poder desenfrenado y autoritario del modernismo materialista durante el Siglo XX, llámese comunismo, nazismo o dictaduras nacionales, son los creadores de esa honda terrorista criminal y sin rostro, que nos azota y amenaza en forma indiscriminada.

El terrorismo, en estos albores primerizos del siglo XXI, desata sus iras criminales en todos los rincones del planeta, a los niveles más insospechados de sadismo, odio irracional y crueldad.

Matar a seres indefensos e inocentes en nombre de Dios o en nombre de cualquier supuesto poder político, como lo sucedido el 11 de septiembre en Nueva York perpetrado por los terroristas de Al Qaida, es un desatino criminal de magnitud decepcionante.

Soljenitsyn en el *Archipiélago Gulag* nos reveló con absoluta genialidad el drama criminal y deshumanizante de la represión comunista staliniana del siglo pasado, aún vigente en Corea del Norte y Cuba.

Y Steven Spielberg en su impactante película «Schlinder List», basada en una historia real, nos mostró todo el horror sucio y criminal del nazismo.

---

[58] *Diario Las Américas*, 30 de diciembre de 2003.

Esta violencia sucia y sin límites que estos dos sistemas aplicaron en consonancia con las dictaduras nacionales de moda, sin el menor sentido del pudor y del respeto a la dignidad de la persona humana, es el fundamento teórico que sustenta la instrumentación táctica y estratégica del terrorismo contemporáneo.

Podemos afirmar, sin temor a inexactitudes formales, que el terrorismo tiene dos rostros genéricos distintos, aunque en el trasfondo amoral del uso de la violencia, sean similares.:

Uno sería el *Terrorismo de Estado*, cuyo régimen más representativo fue el de Saddam Hussein, que no tuvo reparos en usar armas biológicas de destrucción masiva contra el pueblo kurdo y en invadir a dos países vecinos como Irán y Kuwait.

En este rango podríamos incluir al régimen comunista de Fidel Castro, que ha invadido a diferentes países con fuerzas guerrilleras y regulares, como a Venezuela en 1960 y a Bolivia en 1965.

A su vez y para citar sólo algunos ejemplos, pues el listado sería interminable, el régimen castrista ofreció entrenamiento terrorista a los Tupamaros de Uruguay en La Habana (1968), apoyó la invasión soviética a Checoelovaquia en 1968 y ha sido un aliado sistemático del narco-terrorismo colombiano.

El segundo rostro del terrorismo sería el *Terrorismo Informal*, cuyas expresiones más significativas son las tribus de Al Qaida, la narco-guerrilla colombiana del Frente de Liberación Nacional y el movimiento separatista ETA, entre otros.

Frenta a la violencia de estas tribus terroristas contemporáneas, sean informales o provenientes del Estado autoritario, cuyo único sello de identidad es el odio irracional hacia el mundo civilizado, expresado a través de la violencia sangrienta sin distinción, caben varias reflexiones:

Primera, el mundo en que vivimos tiene sed de justicia, ya que las dos terceras partes de la humanidad viven sumidas en la pobreza más extrema.

Segundo, si la democracia es un acto de soberanía permanente, no caben por parte del mundo civilizado excepciones de discriminación.

Y tercero, si Dios es un acto de amor infinito, estamos obligados a amar con pasión de aldeanos a toda la humanidad, no hay nicho para términos medios.

El terrorismo se nutre de estas fuentes de insatisfacción universal que andan dispersas por todo el mundo.

Para neutralizar el terrorismo, el uso de la fuerza militar puede ser un antídoto transitorio necesario.

Pero para derrotarlos con sello definitivo de humanidad, se tiene que ofrecer a todos los pueblos una verdadera opción de justicia social, de desarrollo armónico, de participación ciudadana y de libertad verdadera.

Ese es el ico camino para un orden internacional en paz y en reconciliación único.

Cualquier otro camino cuyo medio sea la violencia por sí misma, es efímero y riesgoso.

EL SIDA: UN MUNDO SIN LUZ [59]

Hace apenas dos semanas que en todo el mundo se conmemoró el Día Internacional del SIDA, esa terrible enfermedad que azota indiscriminadamente y sin piedad a hombres, mujeres y niños. Se calcula que 13 mil personas son infectadas diariamente por el Virus de Inmunodeficiencia Adquirida (VIH) en todo el mundo. En el último año una cifra escalofriante, muy cercana al millón de personas, fallecieron del virus mortal.

Lamentablemente los enfermos de SIDA, como ocurrió en tiempos pasados con el cólera, la lepra y la tuberculosis, son rechazados y marginados por la sociedad. Y esta falta de amor con los que padecen esta terrible enfermedad, es lo que convierte sus vidas en hondos precipicios carentes de luz y de alegría.

En un gesto simbólico, reflexivo y concientizador, la ciudad de Nueva York durante el atardecer del Día Mundial del SIDA, apagó las luces de puentes, monumentos y más de cien de sus edificios. En el Museo Metropolitano de Arte, el retrato de Gertrudis Stein de Picasso y el autorretrato de Andy Warhol, entre otras obras de arte famosas, fueron cubiertas por un paño de color negro.

También en lugares como San Francisco, Seattle, Atlanty City, New Jersey, Miami, Las Vegas y muchas otras ciudades del mundo, muchos hoteles apagaron sus luces para destacar la tragedia de esta plaga, que hasta el momento prosigue regando dolores por todo el mundo sin una cura eficaz que la neutralice y haga desaparecer del planeta

La Madre Teresa de Calcuta, Premio Nobel de la Paz, y tal vez el personaje más tierno y amoroso de todo el Siglo XX, dijo con un rosario entre las manos, «que en ausencia de mejores remedios, el

---

[59] *Diario Las Américas*, 12 de diciembre de 1995.

amor es ahora la mejor medicina para combatir los efectos desastrosos de la enfermedad».

Esta santa mujer nacida en Albania ha dedicado su vida a Dios por medio de la atención a los enfermos y necesitados desahuciados, desde los moribundos en Calcuta, hasta hogares para niños abandonados, casas para drogadictos y hospicios para enfermos de SIDA. La Madre Teresa se presentó sorpresivamente en un congreso en Roma sobre la enfermedad, para clamar por un mayor cuidado por parte de la comunidad internacional, que logre la prevención, la educación y un nuevo comportamiento solidario ante la misma. Instó la Madre Teresa en su declaración a crear un mundo que atienda y cuide de estos enfermos con verdadero celo y caridad cristiana.

Personalidades de todo el mundo, desde la princesa Diana de Gran Bretaña hasta Chen Minzhang, ministro de Salud de China, se unieron el primero de diciembre a las conmemoraciones sobre el SIDA.

Diana, patrocinadora de un cuerpo de caridad para ayudar a los enfermos de SIDA, dijo, «que a todos se nos recuerda la necesidad de protegernos, de proteger a nuestros amigos y a la gente que amamos».

El ministro chino por su parte advirtió, «que un incremento de los casos de SIDA amenaza a los mil doscientos millones de la nación más habitada del mundo.

La Organización Mundial de la Salud (OMS) calcula que hay alrededor de 4.5 millones de casos de SIDA en todo el mundo. Y que 18 millones de adultos y casi 2 millones de niños están infectados con el Virus de Inmunodeficiencia Adquirida (VIH) que causa la enfermedad. De estas cifras impresionantes de personas infectadas por el Virus que provoca el SIDA, once millones pertenecen al continente africano, tres millones al asiático y la diferencia al resto del mundo.

No es concebible en una era de la humanidad que dice darle primacía al respeto por los Derechos Humanos, que los enfermos de SIDA tengan que estar escondiendo el rostro ante un larga noche de oscuridad y soledad.

Todos los pueblos del mundo tienen la obligación moral de ser solidarios y respetuosos con los que padecen esta plaga y criminal del siglo XX. Sólo el amor y la generosidad de todos terminará venciendo la horrorosa vida sin luz que se crea íntimamente en el entorno y en el alma de los que padecen este mal.

DE HUELVA VIENEN SEIS [60]

Esperaban un hijo y les nacieron seis. Un sí rotundo a la vida. Todo un mensaje de fe en la civilización del amor.

En un pueblo limpio y pequeño de Andalucía, bendecido por la brisa de Dios, de calles empedradas, casas lindas de alto puntal con balcones y faroles románticos, poblado, además, de gente buena con manos encallecidas por el trabajo, acaban de nacer los sextillizos de Huelva.

La noticia voló con fuerza inesperada por los teletipos electrónicos. Huelva es tierra de marineros, mineros y labradores. De su puerto en Palos de Moguer salieron durante el siglo XV los descubridores de América.

Pero en esta ocasión el acontecimiento que relatamos con emoción, no es de navegación por entre mares embravecidos, sino de frutos dulces de vida fértil. El hecho noticioso parece más íntimo a primera vista. Sin embargo, tiene una naturaleza admirable de dignidad universal. Es casi un poema místico inocultable que canta con frescura a la esperanza.

Ocurrió en Bollulos Par del Condado, un pueblecito cercano que pertenece a Huelva, Rosario Clavijo, acompañada de su esposo Miguel Ángel, acudió hace meses al médico pediatra porque estaba embarazada. ¡Y qué sorpresa inesperada cuando el facultativo le anunció que eran ocho los niños que venían! Finalmente nacieron seis, pues dos se malograron en ese camino de vientre misterioso hacia la vida. Enseguida surgió el revuelo y el consabido aluvión de opiniones.

Rosario y Miguel confiesan que al principio lógicamente sintieron angustia: «Pero somos conscientes de que estos niños están aquí porque Dios ha querido. Nosotros nos hemos limitado a decir sí a la vida, sin intentar enmendar la plana del Señor».

---

[60] *Diario Las Américas*, 10 de junio de 1996.

Padecemos un mundo caracterizado por la cultura de la muerte, con una gran influencia de los medios de comunicación «necrófilos» que priorizan casi en forma enfermiza la difusión de la violencia criminal. Por eso este acontecimiento espontáneo, ramificante y enriquecedor de risas, rezos y rizos, representa como dijeron los padres: «un milagro... y que Dios haga el reparto».

El bautizo de los famosos sextillizos se hizo por inmersión en la Iglesia María Auxiliadora del pueblo, siguiendo el rito neo-catecomunal católico que practica la familia. El mismo consiste en introducir dos veces en la pila bautismal a cada bebé.

Y obviamente la vida ha cambiado para Rosario (ama de casa) y Miguel Ángel (albañil). «En nuestra casa vivíamos felices con nuestra hija Miriam de tres años, pero ahora hay más vida... más felicidad... somos nueve».

Desde las siete de la mañana se alborota la casa con los sextillizos despiertos. Algunos sonrientes y otros llorosos, pero todos reclamando el biberón al mismo tiempo. Y mientras el padre marcha al trabajo, las amistades y familiares comienzan a entrar a un hogar de puertas abiertas. También hay que entender a Miriam, que cuando le preguntan a cuál hermanito quiere más, dice con ternura infantil: «A muchos».

Por lo tanto entre pañales, marugas, sonrisas, pomos de leche, perretas, ropa pipiada, atenciones, catarritos, y babeos... todo es un ajetreo hermoso de seres humanos que ofrecen sus respiros de devoción a una vida que siempre debemos poner en manos del Dios creador.

Llegará el día que el mundo logre quererse alrededor de la vid, como en Huelva, por ese don de libertad que recibimos al nacer y que con frecuencia deformamos. Entonces no solamente se acabará la violencia del aborto y la cultura de la muerte, sino que habrá paz porque hemos querido que Dios regrese con misericordia infinita al corazón de la familia humana...

¡Vivan los seis que vienen de Huelva! A ellos nada les falta porque el amor todo lo puede...

CUBA STUDY GROUP [61]

Un documento-propuesta del grupo Cuba Study Group (CSG) ha llamado la atención a expertos y politólogos en intramuros y en el exilio. Inclusive un ministro cubano del gobierno castrista se apresuró a declarar que la propuesta no era compatible con el centralismo socialista que impera en el país.

El documento en cuestión expresa que «la economía cubana no es sostenible sin producción doméstica y creación de riquezas». A pesar de la ayuda de subsidios proveniente de Venezuela, todavía el Producto Interno Bruto (PIB) per cápita en Cuba está un 18 por ciento debajo del de 1985.

Los niveles de crecimiento en Cuba, según el CSG, son muy bajos para alimentar con niveles promedio a la población, para crear empleo, para reducir el deterioro de la infraestructura, para fomentar la creación de capital y para preparar las bases para una sociedad libre y próspera.

Los cuatro problemas casi apocalípticos que afectan el panorama socio-económico cubano son:

1.- *La insuficiencia de capital*, que alcanza un 50 por ciento menos, que el que poseía la URSS antes de su derrumbe. Esto provoca que la economía dependa de las inversiones extranjeras.
2.- *El desempleo*, que está potenciado por la falta de inversiones de capital. Sin contar que el empleo oficial disfrazado es altamente improductivo.
3.- *El déficit de viviendas*, que algunos expertos sitúan al nivel de tres millones de habitáculos, es un bomba de tiempo alarmante.
4.- *La tasa de nacimientos*, que es la más baja de la historia cubana de toda su existencia, está potenciando una población envejecida que presiona con servicios y publicaciones sobre la economía, sin

---

[61] *Diario Las Américas*, 26 de septiembre de 2006.

suficiente generación de relevo que supla los niveles de producción doméstica.

Todos los logros de los programas sociales del comunismo cubano, algunos discutibles, se han logrado por los subsidios económicos extranjeros. Primero fue la URSS y ahora es Venezuela.

Las conclusiones desastrosas que presenta la economía cubana, según el CSG, obligan a buscar reformas microeconómicas urgentes que generen capital doméstico y que ayuden sanamente a la inversión extranjera cuando venga a activar la economía en un futuro cercano de transición hacia la democracia.

De los contrario a Cuba no le quedará otra alternativa que seguir buscando subsidios que comprometen su soberanía nacional, como ocurrió durante los años de dependencia bochornosa de la URSS.

El Cuba Study Group ha ofrecido un proyecto y debate. El proyecto se fundamenta en las ideas del reconocido economista peruano Hernando de Soto y se sustenta adicionalmente en la experiencia de varias transiciones de países autoritarios y dictatoriales.

El proyecto plantea la creación de microempresas en toda Cuba, que puedan contratar a sus empleados. Y las fincas de los pequeños agricultores y las cooperativas que deben poder vender sus productos en el mercado libre.

Como parte del proyecto:
a) Debe autorizarse a organizaciones no gubernamentales que ofrezcan préstamos directamente a los agricultores y a las cooperativas.
b) Deben entregarse títulos de propiedad y sin condiciones a los individuos que están viviendo legalmente en las viviendas. Esto implica la facilidad de compra y venta de propiedades, manteniendo un registro adecuado.
c) Debe establecerse un banco hipotecario que ofrezca créditos a los propietarios de las viviendas, como aval de su propiedad, para la creación de microempresas.

El Cuba Study Group aclara que sabe que muchas de las propiedades de que se trata en el proyecto fueron en el pasado de otras personas que actualmente viven fuera del país. No es la intención de la propuesta ignorar este hecho por razones de equidad.

Cuba requiere de un sistema fiscal para financiar y mantener el amplio gasto social en educación y servicios de salud.

Resulta interesante ver que el Cuba Study Group considera razonable asumir que este proyecto, una vez puesto en práctica en Cuba, va a producir unos 30 mil millones de dólares de capital doméstico, que es el valor estimado de las propiedades residenciales en Cuba.

En la misma dirección, el proyecto, una vez puesto a funcionar dentro de un proceso de transición democrática, va a aumentar las remesas disponibles de la familia y de los micropréstamos en montos superiores a los que se podrían esperar de la inversión extranjera directa, que para el año 2000 fue de 4.3 mil millones de dólares.

El Cuba Study Group se compromete, en combinación con el Banco Compartamos de México, a financiar un monto incial de capitalización de 10 millones de dólares, disponibles en todas las provincias de Cuba.

Y como medida adicional, reclutar ejecutivos, empresarios y otros profesionales cubanoamericanos, con el fin de ofrecer su tiempo y experiencias para ayudar en el desarrollo de las microempresas.

Aunque el CSG considera que las reformas microeconómicas son un impulso importante, no desestima el factor de las reformas macroeconómicas, que tendrán que realizarse.

El proyecto del Cuba Study Group queda abierto al debate, mientras que la economía cubana sigue en crisis agónica.

Al menos este proyecto plantea ideas y sugerencias sensatas de capitalización, microempresas, empleos y viviendas.

Como los cubanos tendrán que ser nuevamente los actores de su destino, este tipo de proyecto podrá tener vigencia y aplicabilidad, en una Cuba en transición hacia la democracia y la libertad.

LOS ILEGALES SON SERES HUMANOS [62]

Todos los seres humanos, sin excepción, nacemos sin pasaporte y a ningún recién nacido se le exige una visa de legalidad para empezar a vivir.

¿Por qué entonces el uso, el abuso y el acoso a los que han logrado llegar a los Estados Unidos en busca de libertad y de trabajo decente?

¿Quiénes son estos ILEGALES?

Vayamos por partes y con calma en esta compleja problemática humana y social. Primeramente, debe quedar muy claro que todo ilegal es un inmigrante. Y que la inmensa mayoría de los «ILEGALES» que llegan a Estados Unidos provienen de Latinoamérica.

Y nos preguntamos sin dobleces:

¿No es acaso EU de Norteamérica una nación de inmigrantes en sus inicios?

Pues sí que lo fue.

Los primeros en llegar, unos indios, cuyos antecedentes eran asiáticos. Después unos blancos españoles o ingleses, oriundos de diversas regiones de Europa, y en algunos casos de dudosa reputación social. Y el tercer rango, un puñado de esclavos procedentes de África. Por ahí empezamos.

Si vamos a ver realmente, todos eran ILEGALES.

Pero en la actualidad tal parece que la realidad es distinta. Los llegados con anterioridad ya no quieren más llegados o por llegar.

Por eso hay una especie de persecución discriminatoria contra los inmigrantes. Claro que los actos terroristas del 11 de Septiembre han complicado aún más las cosas. Y no negamos el derecho que posee Estados Unidos de tomar medidas contra la anarquía y la violencia que pueda venir de allende los mares.

---

[62] *Diario Las Américas*, 4 de marzo de 2002.

Pero ojo, la inmensa mayoría de los inmigrantes que entran ilegalmente a los Estados Unidos son latinoamericanos en busca de prosperidad humana, de libertad y de trabajo.

En el caso más significativo tenemos el problema de esa gran concentración de ILEGALES provenientes de México.

Estados Unidos está moralmente obligado a otorgar un status de legalidad y residencia a todos los millones de mexicanos que ya han demostrado con creces ser una fuerza de trabajo deseable.

Lo contrario sería ignorar un problema social de graves consecuencias para el futuro de la región.

Pero también esta misma problemática y con el mismo patrón de análisis puede aplicarse a los inmigrantes argentinos que llegaban a los Estados Unidos amparados por el Programa de Exención de Visas.

Al agravarse la crisis argentina hasta el punto del colapso económico y la anarquía social, entonces muy pocos argentinos de los llegados por la «Exención de Visas» se plantean el regreso a su país de origen.

Prefieren convertirse en ILEGALES a regresar al caos argentino.

Pero también como característica generalizada, salvando las excepciones, todo inmigrante latinoamericano viene a Estados Unidos para sembrar con fuerza sus valores de familia, su voluntad inquebrantable de trabajo y su tradición de fe en un Dios único y creador.

Igual que hace más de 10 años se hizo extensiva la Sección 245 de la nueva Ley de Inmigración, que permitía a los inmigrantes permanecer en territorio de los EU mientras esperaban su residencia y que con anterioridad se hizo otra excepción de justicia con los cubanos que huían del comunismo, hoy se debe buscar creativamente una solución humana al problema de los ILEGALES provenientes de Latinoamérica.

Los casos de México y Argentina son los más acuciantes y prioritarios. El pánico a la deportación debe desaparecer mientras el inmigrante no cometa un delito grave.

Y debe pasarse a la creación de una Ley que permita evaluar los casos individualmente.

Si un ILEGAL no tiene antecedentes penales, ha mantenido una conducta ejemplar de familia dentro de su comunidad durante su estadía en el país y tiene una empresa que requiera de sus servicios, el Departamento de Naturalización en lugar de perseguirlo para devolverlo a su país de origen, puede cobrarle un impuesto de entrada y otorgarle un permiso de trabajo temporal, que a los dos años podría convertirse en un status de residencia.

Por esta vía los Estados Unidos recibirían una masiva contribución monetaria, muy apetecible en estos tiempos de desaceleración económica, y a su vez resolverían un problema explosivo de ilegalidad injusta dentro del país.

Los ILEGALES latinoamericanos son seres humanos. Y el trato no debe ser el acoso.

CINCUENTENARIO
DIARIO LAS AMÉRICAS [63]

El periodismo necesita estar comprometido con la libertad y con la verdad objetiva de los hechos para no ser un embuste mayúsculo o un descalabro gregario de la realidad.

Pero también el periodismo requiere de un compromiso elemental con la ética, que implica respeto, transparencia con el ciudadano y rechazo a cualquier soborno o flujo de influencias, vengan de donde vengan.

Cuando un árbol da frutos ácidos, no es leal ni permitido moralmente decir que sus frutos tienen la dulzura del embeleso.

Hoy queremos honrar un gesto periodístico de importancia para la comunidad de Miami y debemos hacerlo con la sencillez que requiere el éxito.

Algunos predijeron hace algunas décadas que el Diario Las Américas carecía de futuro por su matiz y sabor lingüístico.

Sin embargo, estos pitonisos del embrujo inmediato, no supieron interpretar que Miami sería en unos años la capital de Latinoamérica. Así lo había adelantado Arístides Calvani, ese gran canciller venezolano hace más de veinte años, al que algunos escucharon con un dejo de duda y perplejidad.

Y de una ciudad con un puñado de hispanos, apenas el 10 por ciento en 1953, hoy Miami exhibe que, más de un 60 por ciento de su población hispana, ha venido a instalarse en sus predios para modernizar su rostro y fortalecer con su diversidad étnica los fundamentos morales que la proyectan hacia el futuro.

Si un lector quisiera recrearse con la lectura de un periódico «sofisticado», abrumador y de pensamiento liberal, tiene en el *New York Times*, tal vez, el mejor rotativo del mundo.

---

[63] *Diario Las Américas*, 4 de noviembre de 2004.

Si lo que llena su gusto como lector es el periodismo gráfico, entretenido y variado, no debe dudar en salir a buscar el USA-TODAY.

Si lo que el lector prefiere es un periódico bilingüe, ambicioso, ambiguo en su dualismo editorial, pero hecho con la máxima calidad y celo periodístico, tiene muy cerca *The Miami Herald* y *El Nuevo Herald*, dos en uno, como el aceite que no falla.

Pero si el lector lo que anda es en busca de principios, de compromisos, de excelencia periodística, de un idioma que exprese con claridad y sin complejos su diversidad quijotesca, entonces no hay duda de que puede leer el *Diario Las Américas*.

Lástima que todavía el Diario no tenga la fuerza en California, Illinois, Texas y Nuevo México que tiene en La Florida, Nueva York y Madrid.

Pero todo llega, como esas aves migratorias maravillosas, que no descansan hasta llegar al terruño escogido.

Cincuenta años en el quehacer periodístico puede parecer a algunos un camino fácil, pero no es así. El camino recorrido por el *Diario Las Américas* en sus cinco décadas de vida ha sido un arduo bregar de responsabilidades y de compromiso con la libertad.

La sociedad contemporánea enfrenta el peligro, que acaba de denunciar Susan Sontang, al recibir el Premio Príncipe de Asturias en España, que es el de convertirnos en meros espectadores manipulados por la fuerza del gigantismo comercial o por los resultados cambiantes y abrumadores de cualquier evolución transitoria.

Y esa excelencia periodística que muestra con orgullo el *Diario Las Américas* en su aniversario de medio siglo, debe ser motivo de satisfacción tanto para sus lectores, como para su equipo de directores y periodistas.

Don Horacio Aguirre a la cabeza del equipo, con su hermano a la diestra; sus hijos Alejandro y Helen del otro lado, y periodistas de la talla moral de Ariel Remos, Luis Mario, Ena Curnow, Vivian Crucet y Luis Felipe Marsáns en la edición cotidiana del rotativo; más columnistas reconocidos como Mario Vargas Llosa, don Octavio R. Costa, Anders Fogh Rasmussn «Primer Ministro de Dinamarca», José Ignacio Rivero, José Ignacio Rasco, Ángel Cuadra, Uva de Aragón y Felipe Abreu, entre otros, que conforman un conglomerado que han hecho posible la proeza de consolidar un periodismo de excelencia.

Y todo con la sencillez de no pertenecer al gigantismo comercial de un monopolio periodístico más, que sin lugar a dudas haría más fácil el trabajo cotidiano.

He aquí el mérito propio y la virtud ciudadana de un periodismo de principios e independiente, que ha sido capaz de ofrecerles a los marginados de la fortuna un refugio de expresión y de solidaridad.

Por eso repetimos que cuando un árbol da frutos ácidos, no es leal ni permitido moralmente decir que sus frutos tienen la dulzura del embeleso.

Felicidades al Diario de Las Américas y a su comunidad de lectores por los 50 Años haciendo periodismo en defensa de la libertad y enarbolando, como fundamento básico, la exigencia de la verdad.

V

RELIGIÓN

A SU EXCELENCIA EL CARDENAL BERTONE [64]

Su Excelencia, Cardenal Tarciso Bertone:

Permítame como periodista católico y con el mayor respeto a su alta investidura eclesial, algunos comentarios personales sobre su reciente visita a mi país Cuba, que en algunos miembros activos de la Iglesia ha producido un sentimiento de frustración y de abandono.

Lo más maravilloso del catolicismo, según la interpretación de Jacques Maritain, es el reconocimiento de una presencia de todos los no cristianos y de los cristianos no católicos en la gracia de Cristo, que vibran en la Iglesia visible (militante) por la fe en el Dios trascendente que recompensa a los que le buscan e inclusive a los que no le buscan.

En esa invisibilidad de los distantes de la Iglesia, Maritain incluía también a los que en el plano temporal buscaban la superación de la persona humana, aunque fuese con métodos errados o de falsificación.

En ese escenario humano de la Iglesia con actores visibles (militantes) o distantes (invisibles), para usar los términos maritanianos, hay un elemento común en la sed que todos tienen del Dios vivo, que los hermana. Y el Creador los recibe a todos con la misma complacencia y misericordia.

Por eso Excelencia, su viaje a Cuba se enmarca admirablemente en esa visión teológica de proclamar la palabra de Dios entre los visibles y entre los distantes, no importa que entre unos y otros haya pecadores, pues en el apostolado de la vida de Jesús de Nazaret, se encierra el maravilloso misterio de la salvación y del perdón, para unos y para otros. Hablo en estricto sentido religioso.

Entiendo perfectamente su obligación de acercase a cualquier poder temporal, no importa que este sea de corte marxista o autoritario, pues el mensaje del Cristo liberador se dirige fundamentalmente

---

[64] *Diario Las Américas*, marzo 3, 2008.

a liberarnos del pecado y a garantizar que se respete la dignidad del ser humano.

Sin embargo, nos entristece comprobar que en su visita a Cuba, usted haya negado un gesto de solidaridad pública, sin explicación humana conocida, a miembros activos de esa Iglesia visible, que han sido parte sufrida del Cuerpo Místico de la Iglesia cubana.

Menciono específicamente a tres casos que son muy exponenciales del drama nacional, pues la lista sería interminable, si los menciono a todos:

En primera instancia Las Damas de Blanco, ese grupo de mujeres heroicas que semanalmente acuden a la Santa Misa para pedir por la libertad de sus familiares, los prisioneros políticos, y que recibieron el Premio Sajarov de los Derechos Humanos; Oscar Elías Biscet que se encuentra en prisión precisamente por denunciar la política oficial del gobierno castrista en pro del aborto en el país y que acaba de recibir la Medalla de la Libertad que concede el presidente de los Estados Unidos; y Oswaldo Payá Sardiñas, también Premio Sajarov de los Derechos Humanos, propuesto en tres oportunidades al Premio Nobel de la Paz, incluyendo el año en curso, por propiciar una reconciliación pacífica y una transición soberana hacia la democracia en Cuba a través de una consulta participativa.

Debo confesarle que tuve el altísimo privilegio de ver morir ante el paredón de fusilamiento del gobierno castrista, durante mis quince años de prisión política, a cientos de hombres de mucha dignidad gritando Viva Cristo Rey ante los fusileros. Pienso que matar a inocentes para perpetuarse en el poder, como se ha hecho en Cuba en las últimos décadas, es un delito gravísimo de lesa humanidad.

Debo expresarle que me siento honrado por haber sufrido torturas inhumanas por parte del gobierno castrista, conjuntamente con cientos de miles de compañeros de la prisión, como los simulacros de fusilamientos; los golpes de bayonetas; la introducción en zanjas de excrementos; los interrogatorios desnudos en cuartos con temperaturas muy frías; y los aislamientos en celdas de castigo en condiciones infrahumanas, por largos períodos de tiempo.

Debo informarle que mi memoria no podrá borrar jamás el haber visto a varios prisioneros torturados en jaulas de apenas cuatro pies de alturas, en donde el prisionero tenía que subsistir con la cerviz doblada y sólo uno podía acostarse horizontalmente, teniendo en cuenta que la jaula no tenía espacio para las necesidades biológicas.

Debo comunicarle que fui testigo de excepción de crímenes horrendos en la prisión política del régimen de Fidel Castro, como el asesinato brutal de Ernesto Díaz Madruga; de Julio Tang; de Eddy Alvarez; de Paco Pico; de Diosdado Aquit y de tantos otros, que hacen inolvidable esta jornada de terror. Tal vez usted no pueda creer que la prisión de Isla de Pinos fue dinamitada en una ocasión, para hacer volar a todos los reclusos de una sola explosión.

Y lo más escalofriante de todos estos hechos, es que siguen en pie, como políticas del estado comunista castrista. Recientemente tres humildes ciudadanos de la raza de color, fueron fusilados por el único delito de querer abandonar el país en busca de libertad.

Y todavía están en las cárceles cubanas la mayoría de los famosos 75 oposicionistas detenidos en la famosa redada del año 2003.

He seguido muy de cerca sus distintas intervenciones durante su visita a Cuba, sobre las relaciones de la Iglesia con el Estado; sobre su confirmación de las palabras del Papa Juan Pablo II sobre que el embargo a Cuba impuesto por la Casa Blanca es injusto y éticamente inaceptable; y de que el mundo debería abrirse para Cuba y Cuba para el mundo.

Dentro de la política tradicional del Estado Vaticano, todos estos postulados son harto conocidos y podríamos decir que no representan ninguna alteración escandalosa de la responsabilidad que señalaba Jacques Maritain, ese gran pensador del modernismo católico, en cuando al objetivo apostólico de salvación, que merecían los visibles o militantes de la Iglesia, como los invisibles o distantes de la misma. Ya en estos temas, nos acercamos a temáticas socio-políticas, con interpretaciones diversas.

Pero lo que sí me parece inaceptable, es que usted en su viaje a Cuba se haya olvidado o distanciado de una parte de ese Cuerpo

Místico de la Iglesia cubana, que ha padecido las peores ofensas, embates y persecuciones del poder establecido.

Acercarse a los pecadores no es criticable, pues esa es la misión eterna de las enseñanzas de Jesús, pero olvidarse o distanciarse de los sacrificados por el autoritarismo de la dictadura imperante, me parece un error ingrato de gravedad histórica.

Con el respeto que me merece su investidura.

Se despide en Cristo

Alberto Müller

HABLEMOS DE LA IGLESIA CATÓLICA [65]

Quiero dedicar esta viñeta periodística a mi colega Andrés Reynaldo, que emitió recientemente una opinión sobre la Iglesia Católica cubana, que considero inapropiada y hostil, por no ajustarse con fidelidad a la verdad histórica.

Valorar la conducta actual de la Iglesia Católica cubana ante el totalitarismo comunista en Cuba, como una actitud de «cobardía colaboracionista», no me parece que se corresponde con el sacrificio que con entera humildad ha ofrecido en el pasado y en el presente, esa comunidad del catolicismo ante los desafueros opresivos del comunismo castrista.

Intentar comparar la actitud de la jerarquía católica cubana con sus pares latinoamericanos, como hace Reynaldo, es como comparar zapotes con manzanas, pues la realidad en todos los países del continente, incluida Venezuela, no se parece un ápice con la realidad totalitaria y estalinista que el castrismo ha impuesto en Cuba a golpe de fusilamientos, abusos, encarcelamientos y turbas a puertas de residencia.

Pero además, acusar a la Iglesia Católica cubana de «dialéctico angelismo» me parece un irrespeto innecesario, teniendo en cuenta todo el trabajo religioso, humanitario y social que realiza esa institución en la isla en forma callada y cotidiana. Además de todo el heroísmo que sus hombres y mujeres han desplegado generosamente durante las casi cinco décadas de comunismo en Cuba.

Pero vayamos por etapas para poder ser más preciso en este hablar sobre la Iglesia Católica: ¿Cómo se explica Andrés Reynaldo que una institución colaboracionista, según él, como la Iglesia Católica, acabe de sufrir una profanación violenta y agresiva en la Parroquia de Santa

---

[65] *Diario Las Américas*, 22 de diciembre de 2007.

Teresita en Santiago de Cuba, por parte de las fuerzas policiacas del castrismo?

Todavía reciente está fresca en la memoria de los cubanos la Carta Pastoral del Cardenal cubano Jaime Ortega Alamino en ocasión del 150 Aniversario de la muerte de Félix Varela, en donde denunció la pobreza imperante en Cuba y la angustia infinita que esta genera entre los ciudadanos, señalando que esta es la causa de la fuga constante de los cubanos que prefieren emigrar, aunque sea en frágiles balsas, antes que soportar las tinieblas de la pobreza en su propia tierra.

Tal vez el colega Reynaldo desconozca que la Iglesia Católica cubana mantiene un activo trabajo social sobre las necesidades materiales del pueblo cubano, con la actuación humanitaria de la organización CARITAS.

En otro ángulo, la acción pastoral de la Iglesia Católica en las prisiones, visitando a los presos y aliviando las necesidades de sus familiares, es reconocida en todos los rincones de la isla.

Y otra de las obras más hermosas de esa Iglesia Católica es su acción pastoral de la salud, atendiendo a cientos de miles de cubanos aquejados de enfermedades infecciosas y terminales. Trabajo este que los propios centros de salud oficial prefieren no realizar por lo contagios. No se debe olvidar, que mientras muchos cubanos se refugiaron aterrorizados en la marea populista de Fidel Castro en los primeros años de la revolución, las Cartas Pastorales del episcopado católico cubano, denunciaron el peligro comunista que se cernía sobre Cuba con un coraje ejemplarizante.

Cuando Virgilio Campanería, entre otros, se paró ante el paredón de fusilamiento y estremeció la conciencia nacional cubana con los gritos de Viva Cristo Rey, Viva el Directorio Revolucionario y Viva Cuba Libre antes de morir, era la voz de un hombre grande de la Iglesia la que hablaba, que representaba a todo ese cuerpo de la Iglesia maltratada y martirizada.

¡Cómo olvidar de aquella etapa primeriza del proceso totalitario castrista, las voces de Monseñor Eduardo Boza Masvidal, de Monseñor Enrique Pérez Serantes, de Monseñor Evelio Díaz, o de los dirigentes seglares como Andrés Valdespino, Ángel del Cerro y José Ignacio Rasco por mencionar sólo a algunos!

¡Cómo olvidar la homilía vibrante y crítica de Monseñor Pedro Meurice durante la visita del Papa Juan Pablo II a Cuba!

¡Cómo olvidar el heroísmo de los sacerdotes Loredo, Lebroc, Rojo, Macho, Santana y Conrado, por mencionar a un grupo menor lleno de coraje!

Que se han vista voces más apagadas y discretas dentro de la Iglesia Católica, no lo negamos. Que en ocasiones hubiese sido preferible una afirmación crítica más enérgica ante un hecho impositivo y criminal por parte del régimen castrista, es cierto.

Pero de ahí a decir que la Iglesia Católica es colaboracionista me parece una exageración tremendista por parte del colega periodista, teniendo en cuenta el rosario de presos católicos que aún guardan prisión; los cientos de miles de católicos que fueron maltratados y perseguidos; las decenas de católicos que murieron en el paredón de fusilamiento; los sacerdotes injustamente expulsados en masa de la isla; la multitud de católicos que tuvieron que abandonar el país; las voces de protestas en las Cartas Pastorales del episcopado y desde el púlpito las voces erguidas de los curas de las parroquias.

El hecho de que el colega Andrés Reynaldo y otros quisieran una actitud más beligerante a la que ha mostrado la Iglesia Católica, no creo que les otorgue el derecho a una declaración tan injusta e irrespetuosa contra ella.

La Iglesia no es política, no debe inmiscuirse en política, no debe caer en la tentación de la política. La misión de la Iglesia es la de salvar almas y dar refugio espiritual para dar testimonio de la palabra de Dios.

Existe erróneamente la tendencia contemporánea, muy extendida, de pedirle objetivos políticos a la Iglesia, que los solicitantes no son capaces de realizar.

Y eso no es justo ni elegante.

JUAN PABLO II: EL HOMBRE DEL AÑO [66]

«La religión no es ni debe convertirse en motivo de conflicto y hacer la guerra en nombre de la religión es una contradicción», dijo el Papa Juan Pablo II al inaugurar la VI Asamblea Mundial de las Religiones por la Paz, integrada por cristianos, judíos, musulmanes, budistas y el resto de las creencias del mundo.

Su nombre de origen polaco no tiene una fácil pronunciación en otras lenguas, Karol Wojtyla, natural de Cracovia, mostró dotes prometedores de actor y excelente orador desde muy temprana edad. Apenas con 9 años de edad quedó huérfano de madre. Siendo adolescente intentó ingresar en la orden religiosa contemplativa, las carmelitas de San Juan de la Cruz. En tres ocasiones el Arzobispo le negó el permiso. Finalmente fue aceptado en un seminario y se hizo sacerdote.

Hoy Karol Wajtyla, su Santidad Juan Pablo II, a 16 años de su pontificado acaba de ser designado por la revista *Time* «El Hombre del Año».

Dicen sus más cercanos colaboradores que Juan Pablo II es básicamente un hombre de oración y de palabra. Mientras el mundo diariamente dormita a la 5 de la madrugada, este hombre de Dios se despierta para iniciar sus arduas labores cotidianas. La primera de ella la realiza hincado de rodillas, orando en su capilla privada ante un crucifijo de bronce y un bello cuadro de la Virgen Negra de Czestochova. Sus decisiones, comenta monseñor Martín, secretario de la Comisión de Justicia y Paz del Vaticano, las toma orando humildemente.

Indudablemente que la designación de la revista *Time* le confiere a este hombre una distinción moral que alerta a toda la humanidad sobre el desafío de nuestro tiempo.

Quién duda que 1994 fue un año turbio de rarezas: padres, madres e hijos asesinándose mutuamente; hombres descuartizando, violando,

---

[66] *Diario Las Américas*, 17 de enero de 1995.

comiendo y congelando a sus víctimas; fanáticos asesinando fríamente a los facultativos y empleados de clínicas; pueblos de etnias diversas asesinándose salvajemente; miles de hombres, mujeres y niños lanzándose al mar, ante el peligro cierto de los tiburones, en busca de un pedazo de pan y de otro pedazo de libertad.

Por otra parte el consumo de la droga haciendo estragos entre los más jóvenes. Las hambrunas más espantosas cubriendo de vergüenza distintas zonas del planeta Tierra. La familia golpeada y debilitada por el fantasma egoísta del materialismo sensualista.

Y en medio de este año turbio dejado atrás, la figura envejecida, tenaz e incansable de su Santidad Juan Pablo II surge como una brisa de ternuras para aliviar tempestades. Su campaña porque la miseria y el subdesarrollo no se combatan con el control de la natalidad, le da a esta hora de la historia una voz inquebrantable de conciencia moral.

Gracias a la gestión de Juan Pablo II, la Conferencia sobre Población realizada en El Cairo afirmó «que en ningún caso el aborto será promovido como un método de planificación familiar».

También la publicación del *Catecismo de la Iglesia Católica*, que compendia las enseñanzas morales del catolicismo que no se utilizaban desde el siglo XVI; la convocatoria al Jubileo del Año 2000, con la intención de que la Iglesia haga un examen de conciencia y pida perdón por los errores cometidos a través de los siglos, como la Inquisición, las guerras religiosas y la condena a Galileo, entre otros; y el libro testimonial *Cruzando el umbral de la esperanza*, que intenta retomar con admirable valentía la primacía de lo espiritual sobre el pragmatismo racionalista, porque sencillamente la experiencia absorbente del desarrollo racional-materialista no ha hecho que el ser humano sea feliz, han contribuido a esta prestigiosa nominación del año. Algunos críticos podrán decir que el Papa no ha entendido la visión integral de incorporar a la mujer en la vida de la Iglesia, pero no podrán negar que su palabra se ha convertido en la conciencia moral de esta etapa histórica que despide las groserías inhumanas del modernismo represivo y comunista.

BENEDICTO XVI: UN PONTÍFICE DE LA PAZ [67]

Un Papa de rostro bondadoso y aspecto tímido, que más bien se parece a un abuelo complaciente que a un Pontíce enérgico, es el hombre que hoy dirige desde el Vaticano las huestes del catolicismo dispersas por todos los rincones del planeta.

Cuando el Cardenal Joseph Ratzinger fue elegido Pontífice de la Iglesia Católica en el cónclave más breve de la historia, era el Prefecto de la Congregación que cuidaba con celo todos los aspectos sobre la Doctrina de la Fe, por lo que algunos pensaron que sería un Papa continuista del pensamiento doctrinal conservador de su predecesor, su Santidad Juan Pablo II.

El Cardenal Ratzinger asumió su responsabilidad papal bajo el nombre de Benedicto XVI y con ello imprimió a su papado un signo alentador e inesperado de pacificador.

Misión nada fácil de acometer en un mundo revuelto por la violancia terrorista, por la violencia de la pobreza y por la violencia de las adicciones deformantes de los estupefacientes.

Su Santidad Benedicto XVI se convirtió en el Papa más viejo de los últimos 275 años y el primer alemán en ocupar la silla de San Pedro en casi un milenio.

El primer signo en el papado de Benedicto XVI fue definitivamente la escogencia de su nombre, que implícitamente expresaba su prioridad por la paz, por la comunión entre todos los seres humanos y por la reconciliación entre las naciones.

Su antecesor en nombradía lo fue Benedicto XV, designado Papa en 1914, que pasa a la historia como un Apóstol de la Paz, por su labor conciliatoria en favor de la pacificación y de la mediación durante la Primera Guerra Mundial.

---

[67] *Diario Las Américas*, Abril 25, 2006

Durante el conflicto de la Primera Guerra Mundial, su Santidad Benedicto XV orientó los esfuerzos de la Iglesia hacia el ejercicio de la caridad, repartiendo víveres, material sanitario y dinero a los más necesitados.

Algunos llegaron a llamar al Papa Benedicto XV, El Gran Samaritano de la Humanidad.

El segundo signo en importancia en el Papado actual de Su Santidad Benedicto XVI fue sin lugar a dudas su encíclica «Deus Caritas Est», fundamentada en el amor cristiano.

La encíclica sorprende a teólogos y a observadores por poner énfasis en el amor entre el hombre y la mujer, al que Benedicto XVI define como «el arquetipo por excelencia del amor y una promesa de felicidad que parece irresistible, en el cual intervienen inseparadamente el cuerpo y el alma».

El tercer signo en importancia del Papado de su Santidad Benedicto XVI ha sido el afirmar categóricamente que la resurrección es «la más grande mutuación y el salto absolutamente más decisivo hacia una dimensión totalmente nueva, en la larga historia de la vida».

Con esta afirmación atrevida, que también ha sorprendido a muchos académicos, Benedicto XVI no ha tenido temor en colocar la resurección redentora de Jesús en el marco del proceso evolutivo de la humanidad.

«La resurrección», afirmó el Pontífice, «es un salto de calidad en la historia de la evolución y de la vida en general, que lo transforma todo hacia un mundo nuevo».

Maravillosa visión para interpretar un hecho profético como la resurrección de Jesús y lanzarlo en la dinámica inevitable de la salvación del ser humano en la historia.

Y el cuarto signo en importancia del corto Papado de su Santidad Benedicto XVI ha sido el llamado conciliador y amoroso al mundo musulmán a respetar al Dios único que nos cobija a todos, pero rechazando la violencia terrorista «por perversa y cruel, que pisotea el derecho inviolable a la vida».

Benedicto XVI ha querido profundizar el diálogo con los musulmanes, pero anteponiendo que la violencia asesina del terrorismo, no puede ser un patrón de conducta aceptable para el logro de la paz.

En fin, que ante la sorpresa de un Cardenal Ratzinger convertido en un Pontífice conciliador y abierto, el mundo parece sentirse complacido y confiado.

Actualmente Su Santidad Benedicto XVI ha encargado a expertos en la materia que realicen estudios muy delicados sobre el uso de preservativos por parte de enfermos con enfermedades contagiosas y sobre el tema de los embriones congelados.

Si Su Santidad Juan Pablo II pasará la historia como el Papa Santo Evangelizador por excelencia, Benedicto XVI parece asumir con rostro afable el rol de un Papa por la Paz del mundo y por la reconciliación entre todas las naciones.

Eso explica que uno de sus primeros actos como Pontífice fue enviar un telegrama al rabino jefe de Roma solicitando «una fecunda colaboración y un diálogo respetuoso con el pueblo judío».

«Habemus Papa», pero definitivamente con signos muy precisos en pro de la PAZ DEL MUNDO.

EL RINOCERONTE DEL PADRE TRAVIESO [68]

En medio de un mundo que acaba de contemplar con asombro metafísico el genocidio de los terroristas de Al Qaida cometido contra la secta kurda de los Yazidis en el norte de Irak, asesinando a 400 de sus inocentes creyentes religiosos que veneran al Dios único rodeado por sus siete arcángeles, e hiriendo a mansalva a otros tantos y amenazando con crueldad a toda la población, tal vez resulte oportuno y tranquilizador acercarse a la visión del rinoceronte del padre Ernesto F. Travieso, un periodista sacerdote que no tiene temores de modernidad y que espera atento el desenlace biológico de la gravedad de Fidel Castro, que según algunas versiones de fuentes cercanas, agoniza en su lecho de enfermo.

El rinoceronte es un mamífero de gran fuerza y agresividad. Su presencia en los mitos y leyendas de los pueblos septentrionales de la antigüedad es de importancia suprema por su fuerza arrolladora, solo comparable al elefante y al hipopótamo.

Pero también comentan los estudiosos de las ciencias naturales, que el rinoceronte tiene el mismo olfato previsor e infalible que el lobo.

En los entuertos de la vida moral contemporánea, convertirnos en un rinoceronte tiene dos facetas destructoras inminentes que el padre Travieso intenta neutralizar con el mensaje transparente y bondadoso del evangelio: primero, el propio rinoceronte olfatea nuestra debilidad moral a mucha distancia, e ipso facto, nos asume con violencias impúdicas y materialistas.

Por eso en ese símil mitológico del rinoceronte, el padre Travieso vislumbra el parangón moral del escenario humano contemporáneo cargado de tentaciones materialistas, que sólo pueden ser vencidas con

---

[68] *Diario Las Américas*, agosto 20, 2007.

la ternura del amor profético, compartido y salvífico, de Jesús de Nazaret.

Si en su libro anterior *En la búsqueda de la felicidad*, Travieso tuvo la admirable fluidez de adentrarse en los fundamentos cosmológicos de nuestras creencias, en su libro actual, *Para no ser un rinoceronte más*, trae la garra profética de ofrecer un antídoto moral para frenar la tozudez ofensiva del mamífero que algunos seres humanos se inclinan a imitar.

El nuevo reto literario del incansable y carismático sacerdote jesuita Ernesto F. Travieso, que desde las ondas de Radio Vaticana lanza semanalmente sus reflexiones morales al mundo, ya lo tenemos disponible.

Ambos libros han sido publicados por la empresa editora Ediciones Universal del famoso editor de editores, el cubano Juan Manuel Salvat.

El padre Travieso comienza su libro con una nota atrevida sobre la obra del dramaturgo francés Eugene Ionesco, máximo exponente del teatro del absurdo, que ya había advertido en el siglo XX del peligro humano de convertirnos en rinocerontes, ya que estos animales son incapaces de reflexionar ni de pensar y sólo saben atacar con fiereza demoníaca y aniquilante.

En todo el tratamiento discursivo del libro, entre los valores del ser humano y la tentación de parecernos al rinoceronte, Travieso no se amilana al poner los temas sobre el tapete, tratando de encontrar fórmulas para que la persona humana salga airosa de los peligros inminentes que la acechan:

Primero, no dejarse llevar por la contaminación exagerada del materialismo, ya sea consumista o estatista, que agrede la riqueza íntima y espiritual del ser humano.

Segundo, concientizar que el mundo tiene hambre de pan, pero que también tiene hambre de Dios.

Y tercero, vivir intensamente el mensaje cristiano que nos libera del pecado por medio del sacrificio en la cruz y la resurrección humanizante.

El padre Travieso tiene fe en que el Papa Juan Pablo II haya despertado a los jóvenes dispersos por todo el mundo. Y ahora nos alienta para que veamos cómo el Papa Benedicto XVI induce a la solidez de la familia para fortalecer la fe en el mensaje cristiano que nos ayudará a alejarnos de la locura del materialismo.

Tenemos que volver a Dios, principio y fin de todo, nos dice el padre Travieso en su apasionante libro, pues ese es el único camino para vivir en paz.

Al amigo lector le recomendamos que lea este libro que incita con pasión legítima a resistir la tentación de convertirnos en un animal tozudo que sólo sabe pelear.

No dudo que vendrán otros libros de investigación y reflexión de la mano de este sacerdote-periodista con proyecciones de honda humanidad.

En la fuerza misteriosa y abarcadora del amor, el padre Travieso cifra sus esperanzas de liberación, de justicia social y de paz.

Bienvenida esta fuerza de pasión amorosa para no terminar como los rinocerontes.

LA ENSEÑANZA DE LOS AMISH [69]

La noticia corrió por los teletipos noticiosos y dejó perpleja a toda la nación norteamericana y al mundo exterior civilizado: un asesino con frialdad pasmosa puso a diez niñas en fila en una escuela de la comunidad Amish de Nickel Mines en Pennsylvania y comenzó a dispararles sin misericordia.

Murieron cinco de las niñas y las otras cinco quedaron gravemente heridas. Una vez concluida la masacre y en medio de su festín sangriento, el asesino, Charles Roberts, se suicidó de una tiro en la cabeza.

Para caracterizar el escenario de este evento sangriento, hay que decir que a la comunidad Amish no le deslumbran los adelantos técnicos. Ellos prefirieron vivir al estilo cristiano antiguo sin ostentaciones materiales y con poca atención a los impulsos sensuales de la televisión y a la obsesión informativa de la Internet. Para ellos el sacrificio de la sangre de Cristo sintetiza una obligación a imitar en la vida cotidiana.

Un típico hombre Amish estará siempre bien afeitado mientras permanezca soltero, pero al casarse dejará que su barba crezca. Los bigotes generalmente están prohibidos por ser vistos como símbolos de la persecución política y religiosa que sufrieron en Europa durante los siglos XVI y XVII. La mayoría de las familias Amish hablan un dialecto conocido como «Pennsylvania Dutch», una mezcla de alemán con holandés.

Aunque el mensaje de tradición estricta y de paz interior de la comunidad Amish parezca discordante a algunos, no deja de ser un tema de reflexión interesante en el mundo de hoy, más dado al predominio de las batallas militares y de los actos de terrorismo salvaje.

---

[69] *Diario Las Américas,* 31 de octubre de 2006.

Por eso cuando algún ciudadano Amish comete un delito, la preocupación de sus autoridades, más que eliminarlo del grupo social, es reinsertarlo por medio de la educación, el arrepentimiento y el perdón.

En eso se diferencian en grande de las autoridades chinas, que anualmente fusilan a 15 mil delincuentes delante de sus familiares para sembrar en la población el terror a delinquir. El «ojo por ojo y el diente por diente» en China es una práctica cotidiana.

Sumida en este doloroso escenario, casi incomprensible, del asesinato de cinco de sus niñas, la comunidad Amish primero oró con fervor ante el horror del hecho criminal, en busca de la misericordia de Dios para entender lo ocurrido, y después pidió luz al Creador para reaccionar humanamente ante un cuadro tan desolador y aniquilante.

Y Dios los iluminó, según ellos, en una dirección de amor puro infinito: ¿Qué podríamos hacer para ayudar a la familia del asesino-suicida? Ese fue el primer pensamiento predominante de la comunidad Amish ante el sanguinario acontecimiento.

Inmediatamente después vinieron otras preguntas de similar importancia: ¿Qué hacer para ayudar a las familias de las víctimas y a los estudiantes compañeros de las niñas asesinadas?

Si algo enseña el sentimiento de humanidad, que se encarna en el corazón de esta comunidad Amish con su preocupación por la familia del asesino, es que la conducta de amor al otro no puede tener componentes de limitación ni pretextos de grandeza ni racionalizaciones excluyentes.

La humildad, como expresión de la naturaleza humana, no cree en superioridades y si comete esa debilidad, pide perdón inmediatamente con entereza de espíritu.

La comunidad Amish de Nickel Mines en Pennsylvania, que recientemente tuvo que padecer ese «shock» inimaginable a la luz de la razón humana, ha dado una lección maravillosa de humildad al mundo contemporáneo plagado de terroristas rabiosos y de asesinos carcomidos por el rencor.

También la lección puede aplicarse en especial, a las naciones del mundo actual, que en ocasiones priorizan la confrontación de la guerra y el autoritarismo del poder a la esperanza del entendimiento y a la conveniencia de los consensos y de la participación.

Ninguna de las niñas le había hecho ningún daño o agravio al asesino Charles Roberts. Entonces, ¿cómo se explica tanto odio y agresividad contra estos seres inocentes?

El rencor en el corazón del ser humano es la única explicación posible de estos crímenes. La comunidad Amish nos deja una lección de perdón y de amor infinito hacia el prójimo, que independientemente de coincidencias o reservas por parte de algunos, tiene un valor humano.

Perdonar es mejor que odiar, definitivamente, aunque en ocasiones emocionalmente sea difícil su puesta en práctica.

LAS NIÑAS EN EL ALTAR [70]

«Dejad que los niños vengan a mí, pues de ellos es el reino de los cielos», palabras inolvidables de Jesús recogidas por el evangelista Marcos.

Con todo el enorme respeto que nos merece el Vaticano por su lealtad carismática y por su compromiso amoroso de siglos con la doctrina salvífica de Jesucristo, debemos decir que carecen de todo sentido apostólico y humano las recomendaciones regulatorias de la Comisión para la Doctrina de la Fe que prohibirían a las niñas subir al altar, aplaudir a los cristianos más emotivos y entonar música contemporánea o popular a los que gustan de expresar sus sentimientos de fidelidad a Dios por medio del canto.

Que perdonen estos santos teólogos de las regulaciones-prohibitivas, pero sus recomendaciones «a muchos cristianos que he tenido la oportunidad de entrevistar en mi función de periodista», les parecen excesivas, extemporáneas, arcaicas y en el peor de los casos, violatorias del espíritu de apertura y libertad que reinó en el Concilio Vaticano II y se extendió, desde entonces, por todos los rincones de luz del universo cristiano.

San Pablo, ese apóstol inimitable de la cristiandad, insistía con pasión en que el «Espíritu de Dios habita en nosotros y por eso cada uno de nosotros éramos templos de Dios».

Y esto es importante para entender que el templo más importante de Dios, como Creador, está en el corazón mismo de cada ser humano.

Quiere esto decir que antes de la construcción física de la primera iglesia, ya cada persona humana era un templo íntimo y sagrado del espíritu de Dios.

---

[70] *Diario Las Américas*, 30 de septiembre de 2003.

Dentro de este marco íntimo, en donde reina con espontaneidad libre ese espíritu sagrado, los niños definitivamente son el templo más puro, más esperanzador, más místico, más enternecedor.

Cualquier limitación a que un niño se acerque al altar, ya sea de un sexo u otro, implica no entender que el espíritu de Dios ya está presente en ese cuerpo místico misterioso e inocente que Dios comparte en gozo con ese niño.

Más bien esos teólogos respetables de la Comisión para la Doctrina de la Fe deberían pensar no cómo limitar el acercamiento de las niñas al altar, sino cómo encontrar la fórmula de atraerlas a que se acerquen a esa mesa sagrada de la consagración con más vehemencia.

Ese es el verdadero reto que legó Jesús. El mismo San Pablo afirmaba «que Cristo nos liberó para que fuésemos libres». Y esa libertad implica ser libres para amar, para bailar, para aplaudir, para rezar y para compartir el gozo de Dios, con virtud, pero sin restricciones discriminativas.

Jacques Maritain, el gran humanista y filósofo cristiano del siglo XX, define el arte como lo que produce gozo dentro de un marco de excelencia y perfección.

Y completaba su advertencia diciendo que «el moralista debe juzgar el arte en cuanto concierne a la moralidad, y no tiene el derecho de juzgarlo como obra de arte».

Si un grupo de cristianos sienten a Dios más cerca por medio del canto durante su estancia en el templo, ningún moralista tiene el derecho de juzgar si le gusta o no ese canto, no importa que sea gregoriano o que sea una guaracha a lo Celia Cruz, pues lo mismo «uno u otro» están sirviendo de vínculo artístico y amoroso para exaltar a Dios.

Lo mismo puede aplicarse al aplauso «vocablo que viene del latín «aplausus» y que es una expresión de cariño que nace con la propia naturaleza humana desde la antigüedad.

Todo lo que produzca gozo, cercanía a Dios y expresiones de cariño sano, más que regularlas, exige la obligación de estimularlas.

A estos reguladores-teólogos temerosos de la fe abierta y expresiva, hay que recordarles nuevamente la frase provocadora y de referencia salvífica maravillosa de Jesucristo:

«Dejad que los niños vengan a mí, pues de ellos es el reino de los cielos».

PERDÓN A LOS HERMANOS MAYORES [71]

La Iglesia Católica acaba de publicar un documento de reflexión sobre el holocausto judío, que resulta un testimonio revelador de cara al tercer milenio cristiano que se avecina.

No es posible borrar de la memoria histórica del Siglo XX que nos ha servido de entorno, la violencia genocida que legaron los sistemas totalitarios, que en nombre de supuestas supremacías racistas (nazismo) o ideológicas (comunismo), han asesinado cruelmente a millones de hombres, mujeres y niños inocentes.

El intento de exterminio del pueblo judío, la *shoah*, por parte de los nazis no es una historia fabulada o mitológica, sino un hecho real que mostró al desnudo el odio criminal de un sistema racista sobre un pueblo indefenso y la humanidad en pleno.

El documento vaticano se plantea el imperativo moral de asegurar «que nunca más el egoísmo y el odio puedan crecer hasta el punto de sembrar el sufrimiento y la muerte a tantos millones de seres humanos».

La reflexión vaticana hace un recordatorio ineludible sobre la hermandad que debe existir entre cristianos y judíos, por ser ambos hijos del mismo Dios y descendientes directos de Abraham.

Y cito las palabras del Papa Pío XI dirigiéndose a un grupo de peregrinos belgas : «el antisemitismo es inaceptable, porque además espiritualmente todos somos semitas».

El singular y degradante acontecimiento de que el holocausto judío se haya producido en el corazón de la Europa cristiana, lo convierte en una circunstancia obligada para una honda contrición.

Es innegable que los cristianos también fueron perseguidos sin compasión por los nazis. Pero hay que aceptar como un hecho histórico verdadero, dice acertadamente el documento reflexivo, que después

---

[71] *Diario Las Américas*, 31 de marzo de 1998.

de la injusta crucifixión de Jesús y de ciertas interpretaciones erróneas de los evangelios, se creó entre cristianos y judíos, un sentimiento de enemistad mutua que ha perdurado negativamente a través de los siglos.

Y este sentimiento antisemita estimuló el que algunos cristianos optaran por la indiferencia y el silencio ante el horror del holocausto, a pesar de que la Iglesia Alemana fue la primera institución que condenó al nazismo. Ya en marzo de 1931 el cardenal Faulheber y los obispos de Baviera y Colonia publicaron cartas pastorales condenando la nacionalsocialismo de Hitler.

Poteriormente el Papa XII en su encíclica «Summi Pontificatus», en octubre de 1939, alertó contra las teorías que proclamaban la supremacía de las razas y la divinización del Estado. También es reconocido en innumerables testimonios de la época que por gestiones de su pontificado se salvara la vida de ciento de miles de judíos.

Por tal razón es que el documento vaticano con mucho coraje histórico, se adentra en proclamar que «es justo que mientras el segundo milenio del cristianismo llega a su fin, la Iglesia asuma con una conciencia más viva el pecado de sus hijos».

Y esta es la actitud de humildad maravillosa que asume el documento de reflexión. Si la Iglesia, como Madre y Maestra, siente en plenitud la responsabilidad de sus hijos en la historia salvífica y su tejido vivo está imbricado en la misión redentora de Jesús, como Dios hecho carne para redimir a hombres y mujeres, no debe temer nunca perdonar ni pedir perdón por los pecados o errores cometidos. Así lo ha hecho.

¡Permita Dios que otros, pecadores también, reciban esta gracia infinita de humildad!

El tercer milenio del cristianismo debe preparar a los hijos del Dios único, en una misión de reconciliación universal y hermandad solidaria entre judíos, protestantes, musulmanes, budistas, católicos y el resto de la humanidad en pleno.

EL PADRE LLORENTE: 50 AÑOS DE SACERDOCIO [72]

Un resultante ineludible del modernismo, amén de los aciertos de su desarrollo tecnológico, es el signo de la muerte y de la violencia. Por ello es que hoy se convierte en un imperativo de salvación humana aquel designio admirable de San Pablo en su carta a los Efesios: «instaurare omnia in Christo», que significa que todo queda reconducido a Cristo.

Debo confesar a mi amigo lector que en mi trayectoria periodística de escudriñar, explorar e investigar hechos, personajes y circunstancias he conocido pocos religiosos con la integridad cristiana de todo en función del espíritu amoroso y misericordioso de Cristo, que el Padre Amando Llorente.

La vocación religiosa es una gracia especial que reciben algunos seres humanos, que después se convierte en una bendición purificante para quienes rodean social, cultural o familiarmente a ese religioso o religiosa.

Cuando la vocación jesuítica llegó a la vida del joven Amando Llorente, por su mente pasó la idea de ser misionero como su hermano mayor que se encontraba evangelizando a los esquimales en Alaska. Pero muy pronto descubrió que su misión estaba circunscrita a una isla Hermosa del Mar Caribe y a convertirse en pastor de una generación de jóvenes cristianos.

El Padre Llorente llegó a Cuba en 1942 con los dolores frescos y agudos de la Guerra Civil Española empozados en su alma. Traía el designio administrativo de trabajar como maestrillo de adolescentes en el Colegio de Belén. Pero en esas vueltas misteriosas de Dios, una generación de universitarios cubanos bajo la dirección del sacerdote jesuita Felipe Rey de Castro e integrada por jóvenes admirables que

---

[72] *Diario Las Américas*, 1 de diciembre de 1998.

disfrutaban con coraje su apostolado cristiano, como Juan A. Rubio Padilla, José Ignacio Lasaga, Jorge Casteleiro y Ángel Fernández Varela, entre otros tantos, lo reclamaron como pastor.

La razón es que había fallecido repentinamente el Padre Rey de Castro en el año de 1951, entonces director de la Agrupación Católica Universitaria, una organización mariana de jóvenes que se había propuesto cristianizar el ambiente universitario cubano ante la secularización y la violencia imperantes en el país.

El Padre Llorente no demoró con su fortaleza y sus virtudes de joven sacerdote, apenas 30 años de edad, de impregnar de dinamismo evangelizador todos los resquicios de la Agrupación Católica.

Y comenzó entonces una época de crecimiento y resultados apostólicos para la institución, que ya la historia cubana comienza con justeza a recopilar.

Se produce la expansión de la institución en la casa de Masón y San Miguel, casi al doblar de la Universidad de La Habana; se inaugura en 1953 el dispensario médico de las Yaguas; se continúa la instrucción a los obreros en el Dispensario de San Lorenzo; se crea el Instituto Católico de Siquiatría; se comienza el Vía Crucis del Calvario todos los Viernes Santo; se construye la Casa de Ejercicios Espirituales «Pío XII»; se organiza el Centro de Estudios Médicos y el Centro de Estudios Matemáticos; surge el Buró de Información y Propaganda (BIP); se participa en el Primer Congreso de congregaciones Marianas en 1954.

Entonces se abre en la historia de Cuba lo que se podría denominar su medio siglo de sombras. Y las distintas generaciones formadas en la Agrupación Católica Universitaria ofrecen sus esfuerzos liberalizadores de luces, rezos y andares con la cruz salvadora.

Nadie duda que el madero de la cruz ha sido pesado para todos durante más de cuatro décadas, pero los jóvenes de la institución con el Padre Llorente al frente, no han dejado de cargarlo con estoicismo, disciplina y lealtad ignaciana.

El recuerdo de los cuatro mártires de Guajaibón en 1958 los fusilamientos de Rogelio González Corzo, Virgilio Campanería, Manolo Guillot, Alberto Tapia Ruano; la muerte en combate de Herman Koch, de Juanín Pereira, de Carlay; y las decenas de jóvenes de la Agrupación que padecieron largos años de prisión política junto al pueblo de Cuba, son una muestra ineludible e histórica de cumplimiento del deber patrio y cristiano.

Y finalmente el exilio prolongado, en donde la institución tuvo que decir adiós al inolvidable Padre Barbeito, su sub-director entrañable, conjuntamente con decenas de agrupados que han ido falleciendo en el largo camino.

Felicidades Padre Llorente por los 50 años de sacerdocio. Y gracias por enseñarnos en vida y con alegría que todo, al decir de San Pablo, hay que ponerlo con humildad en función de Cristo.

A 100 AÑOS DEL PAPA OBRERO [73]

«Para solucionar la injusta distribución de las riquezas, junto a la miseria de los trabajadores, los socialistas marxistas instigan a los pobres al odio contra los ricos y tratan de acabar con la propiedad privada estimando mejor que, en su lugar, todos los bienes sean comunes». Su Santidad, León XIII, de la Encíclica «Rerum Novarum» (1891).

Es justo señalar en este trabajo periodístico que los socialistas a que alude León XIII no se asemejan mucho al «socialismo democrático» de Felipe González (España), Wily Brandt (Alemania), Carlos Andrés Pérez (Venezuela) y Enrique Baloyra (Cuba), entre otros.

Lamentablemente, desde Constantino (siglo IV) y después durante el Medioevo de la Inquisición y la Reforma, la imagen de la Iglesia primitiva, amorosa y humilde del Jesús evangélico se fue perdiendo en ciertas complicidades arrogantes de poder. Por suerte para los creyentes, a pesar de tantas deformaciones degradantes, el cristianismo, ya sea en su vertiente católica o protestante, ha contado con expresiones numerosas de santidad y humildad que le permiten proseguir en su compromiso con los pobres y enriquecer su misión salvífica de la historia.

En 1891, hace exactamente 100 años, Su Santidad el Papa León XIII publicó la encíclica «Rerum Novarum». Resulta importante que nos situemos en el contexto histórico-social de la época; el creciente proceso de industrialización y el sistema de explotación que pesaba sobre los obreros.

El Papa León XIII denunció entonces con elocuencia, oportunidad y sensatez, la degradación del hombre como sujeto del trabajo. En el mismo documento se señala al socialismo represivo y estatizante como irrespetuoso de la dignidad del trabajador y se sugiere una

---

[73] *Diario Las Américas*, 2 de julio de 1991.

verdadera solidaridad en las relaciones entre el capital y el trabajo. En el documento pontificio también se destacan el derecho a crear asociaciones profesionales; el derecho al salario justo; el derecho a la práctica religiosa con el descanso festivo.

Definitivamente la publicación de la encíclica *Rerum Novarum* puso al obrero en el centro del problema social de su época, reafirmó el compromiso evangélico de los cristianos con los pobres e hizo que León XIII fuese para todos el «Papa Obrero».

Su Santidad Juan Pablo II ha publicado recientemente «Año Centenario» en conmemoración a la *Rerum Novarum* de León XIII.

No coincidimos con el profesor Harvey Cox, de la Universidad de Harvard, que califica el documento conmemorativo de Juan Pablo II de pretencioso y prosaico.

Pero sí definitivamente al documento reciente le faltó poder de síntesis, pues es innecesariamente largo, y discernimiento crítico, pues no se puede identificar al «socialismo» en todas sus vertientes con la tiranía totalitaria.

Sin embargo, la encíclica «Año Centenario» señala con acierto que el colapso dramático y positivo del «socialismo comunista» no se puede distraer de la potencial crueldad del capitalismo, y cito textualmente, «en el contexto del Tercer Mundo, ciertos objetivos establecidos en la *Rerum Novarun* permanecen válidos, y, en algunos casos, incluso constituyen una meta aún no alcanzada.

En este sentido, es correcto hablar de una lucha contra un sistema económico, si este se entiende como un método de mantener el dominio absoluto del capital, la posesión de los medios de producción y de la tierra, en contraste con la naturaleza libre y personal del trabajo humano.

JuanPablo II insiste con precisión en que el trabajo del hombre y el hombre mismo no pueden reducirse a un simple nivel de mercancía. Y destaca con justeza la importancia del salario suficiente para la vida de la familia, los seguros sociales para la vejez y el desempleo.

Pero lo más relevante del documento es que confirma que la dignidad del ser humano lo hace partícipe del bien común de la humanidad.

Finalmente el documento de Juan Pablo II, a cien años de distancia del Papa Obrero y la *Rerum Novarum*, persuadido de que el hombre y la mujer van íntimamente entrelazados al misterio de Dios, hace un llamado al Diálogo y a la colaboración entre todos, en especial a los grupos que tienen una «específica responsabilidad en el campo político, económico y social, tanto a nivel nacional como internacional»

LA LOCURA DE DIOS [74]

Nos cuenta la anécdota que en una ocasión, una señora ataviada con pulsos y perfumes llegó a la puerta de una iglesia, dio una limosna al pestilente mendigo y con cierta arrogancia le preguntó: ¿Qué sabes tú de Dios?

«Yo no sé nada de Dios, señora, pero siento que su presencia acompaña mi pobreza».

En ese maravilloso misterio de presencia que llamamos Dios, ya sea para abarcarlo, invocarlo o inclusive para rechazarlo, hay toda una expresión de fe, de locura de amor y de reconocimiento inobjetable.

En la historia del mundo, el ser humano se ha debatido en sus diferentes estadios, en una búsqueda incesante y colosal de Dios.

El hombre antiguo, al principio de la historia, vivía tan entrelazado a la naturaleza que identificó poderosamente a Dios con los signos corporales del Fuego - el Agua - la Tierra – el Sol.

Y este repertorio de soluciones que enfrenta el ser humano primitivo, da inicio a la cultura que seguirá transmitiéndose por los siglos y que define a Dios en una supuesta realidad conocida o sentida.

El mundo griego hace un intento estupendo de categorizar a Dios en el cosmos. Después, la vida medieval se adentra por caminos dogmáticos de fe. Se coloca a Dios en un intelecto lógico de concebirlo esquemáticamente.

Y llega el agotamiento de la Edad Media con el impulso del hombre moderno en una crisis de desarraigo y convicciones.

El Renacimiento quiere desprenderse del anquilosamiento de esa fe compulsiva y repetitiva que prevaleció con los místicos. Y remueve las fuentes originales de la cultura.

---

[74] *Diario Las Américas*, 5 de febrero de 1991.

El ser humano moderno comienza a sentir su responsabilidad social. Dios, en la concepción de sus mayores, se le hace inasequible y sin vida. Y se lanza en una audaz empresa de sustitución.

En nuestros días, una vez fracasado el fugaz intento del hombre para asumir el rol de Dios, hemos visto otras escaramuzas que pretenden suplantarlo. El siglo XX, que va terminando, nos lega el horror de una violencia inusitada que ha costado a la humanidad cientos de millones de muertos.

En una deformación que bien podría parecer la locura de Dios el hombre ha intentado obstaculizar el poder, convirtiéndose en una máquina todopoderosa de represión y crímenes. El poder ciego y aplastante, en el lugar de Dios. Aún cercanas tenemos las experiencias de brutalidad del estalinismo y del nazismo.

Pero como si los horrores fuesen pocos, hoy somos testigos de otra absolutización paralela, que aunque más sutil y menos dañina, intenta la creación de un Dios positivo de mercados y de compraventas. El dinero, prepotente e insensible, se lanza a una nueva empresa materialista por sustituir a Dios.

Si repasamos la historia de la humanidad nos encontramos al hombre y por supuesto a la mujer, tratando de descifrar el misterio de la creación que nos sugiere a Dios.

Es interesante palpar en todos los estadios del mundo, la presencia de Dios en múltiples interpretaciones. Y debemos pensar que en cada una de ellas hay un impulso de verdad, de belleza creativa, de bondad espiritual.

No intentemos explicarnos a Dios con los mecanismos de la ciencia. Este ha sido un error de los tiempos. Dios, más que deducible racionalmente, es presencia, es misterio, es verdad.

Dios es relación de amor. Hay que sentirlo en el prójimo. Pero si resumimos en apretada síntesis todas las manifestaciones que hemos hecho de Dios durante la historia, veremos que en cada una de ellas, hay un profundo sentido real.

La presencia misteriosa y misericordiosa de Dios está lógicamente en el fuego, en el agua, en el sol, en la tierra, en el hombre, en el poder, en las riquezas. Lo que no podemos es limitar a Dios a una sola de esas maravillosas manifestaciones. Dios está en todas y en muchas más.

Hagamos de Dios una verdadera «Locura de Amor» y erradiquemos definitivamente el deseo de sustituirlo, para así evitar la creación de una locura desgarrante preñada de arrogancias y de venganzas.

Amemos con humildad todas las diversas manifestaciones de Dios.

80 ANIVERSARIO DE LA ACCIÓN CATÓLICA CUBANA [75]

Se cumplen 80 años de aquella fecha inolvidable, cuando un grupo de jóvenes cubanos convencidos de la validez histórica del mensaje liberador y amoroso de Cristo, decidieron formalizar un compromiso de apostolado con la sociedad cubana.

Se iniciaba entonces una obra maravillosa de convicciones de la juventud católica cubana con el evangelio de Jesús de Nazaret, que a su vez consolidó una vocación mariana, que ya los mambises habían proclamado en 1868 al nombrar a la Virgen de la Caridad, como la Patrona Mambisa de Cuba.

La Acción Católica Cubana fue toda una explosión de amor ciudadano por toda Cuba, cuyas raíces cristianas siguen vivas, esperando pacientemente para esparcirse nuevamente por todo el tejido social cubano, una vez que la libertad regrese a Cuba y permita sin limitaciones el libre juego de las ideas cívicas y religiosas.

Un Congreso estudiantil realizado en la Universidad de La Habana en 1927, donde algunas voces con acento marxista profirieron ataques blasfemos contra la Virgen María, contra la Iglesia Católica y contra la educación religiosa, estimuló a un grupo de estudiantes católicos, como Emilio Núñez Portuondo, Carlos Azcárate, Emilio Menéndez, Juan Antonio Rubio Padilla y Manuel Buigas, entre otros, sobre la urgencia de asumir una actitud más beligerante.

El 11 de Febrero de 1928, unos meses después de ese Congreso hostil contra la religión en la Universidad de La Habana, un grupo de universitarios fundaron la Federación de la Juventud Católica Cubana, bajo la inspiración del Hermano Victorino.

No seríamos justos, si no mencionamos los antecedentes de esta Federación de acción católica cubana, que se expresaron en la Asocia-

---

[75] *Diario Las Américas*, 2008.

ción Antoniana de La Habana en 1915 y en la Asociación de Jóvenes Católicos, bajo la inspiración de los sacerdotes Marino Amestoy, franciscano, y Manuel Serra, escolapio, respectivamente.

El Padre Amestoy invitó a un grupo de jóvenes a los cultos de las iglesias de San Francisco y de San Felipe para activar la importancia del apostolado cristiano, pero su traslado y posterior muerte en Bolivia, provocó que el grupo terminara debilitándose.

Entonces el sacerdote escolapio Manuel Serra, preocupado por la escasa presencia de jóvenes en la vida de la Iglesia Católica, retomó la iniciativa el 6 de Octubre de 1919 y organizó la Asociación de Jóvenes Católicos.

Estos jóvenes de la Asociación de Jóvenes Católicos del Padre Serra, entre los que se encontraban Jorge Hyatt, Juan A. Mendoza y José Luis Bandín, fueron realmente los precursores del movimiento de Acción Católica cubana, que bajo la inspiración del Hermano Victorino y surgido posteriormente, hoy celebramos su octogésimo Aniversario.

Durante sus inicios en 1928, esta Federación de la Juventud Católica Cubana contó con un grupo pujante de hombres y mujeres, de los cuales recordamos los nombres de Julito Morales Gómez, Gustavo Riera, Esther Diviñó, Enrique Canto, Mercy Grau, Celestino Palomo, Dora Sowers y América Penichet, entre tantos. Lamentablemente el espacio periodístico nos impide mencionarlos a todos.

En el transcurso de una década, ya en 1940, la Federación de la Juventud Católica Cubana se instauraba en todos los rincones de la isla, con actividades de estudio, de apostolado, de servicio a los pobres, de excursiones por toda la isla, de cultura y de oración cotidiana.

También había nacido la Juventud Obrera Católica, bajo la inspiración de las ideas del sacerdote belga e hijo de obreros, el Padre Cardín, y del esfuerzo preliminar del ínclito dirigente universitario, José de Jesús Planas, que había organizado unos grupos de estudio para obreros.

La década de los 50 sorprende a Cuba con un renacimiento del autoritarismo político por partida doble y la juventud cubana tuvo que dar un paso al frente para intentar remediar el curso de la República maltratada.

Fue una década de maduración y especialización para la Acción Católica, en donde otra generación de hombres y mujeres admirables retoman la antorcha de la fe, del compromiso y de la determinación de no cesar en la proclamación del evangelio de Cristo en tierra cubana.

Entre ellos se destacan Andrés Valdespino, Ángel del Cerro, Martha Díaz, José Ignacio Lasaga, Hilda López, América Penichet, Martha Fernández Morrell, Yolanda Vaillant, Antonio Fernández Nuevo, José Antonio Echeverría, Marta Moré, Juan Woods, Mateo Jover, Serafín Vilariño, Josefina Zaragoza, Manuel Fernández, Armando Gómez Lores, Reinol González, Raúl Fernández Rivero, Roberto Jiménez y Andrés Candelario, entre tantos otros, que forman un ejército pujante de miles de jóvenes que supieron cargar con honorabilidad la Cruz del sacrificio y la bandera ultrajada de la Patria cubana.

La Federación de la Juventud de Acción Católica, en sus ramificaciones organizativas, tuvo que ser desactivada por la discriminación del totalitarismo comunista instaurado en 1959, pero el fermento de tantas generaciones que vivieron plenamente su compromiso apostólico, sigue vigente en los corazones cubanos.

Por otra parte en Cuba, una legión silenciosa de católicos bajo el manto jerárquico de la Iglesia Católica Cubana, todos con una gran dosis de fe y humildad, han seguido abonando la semilla del cristianismo, no importa que las condiciones sean limitadas y en ocasiones humillantes.

Sabemos que el camino andado por la Iglesia Católica Cubana y su feligresía no ha sido perfecto. En ocasiones se han cometido errores e imprecisiones, pero en esa grandeza de humildad en intramuros de seguir cargando la Cruz de Cristo, a pesar del acoso y la incomprensión oficial, unido al dolor agudo de las generaciones de cristianos en la diáspora, está el fermento milagroso que levantará de las cenizas, las futuras bases de la reactivación de la Juventud de Acción Católica en la Cuba del Siglo XXI.

Honremos los 80 Años de la Juventud de Acción Católica Cubana; honremos la memoria del Hermano Victorino, de todos los sacerdotes y miembros del episcopado cubano, de la alta Jerarquía de la Iglesia cubana, todos precursores e impulsadores del empeño.

En esta celebración, plena de dolor por los caídos, pero no exenta de euforia por el aniversario que se conmemora, tengamos presente que aún queda un formidable trabajo de apostolado cristiano a realizar en Cuba, una vez que la pesadilla comunista ceda el paso a la libertad y a la participación democrática.

Dios, en su inmensa misericordia, lo permita así.

No puedo dejar de mencionar también el esfuerzo paciente e inteligente de investigación que Teresa Fernández Soneira nos ha dejado en los dos volúmenes de *Con la estrella y la cruz –Historia de la Federación de las Juventudes de Acción Católica Cubana*.

VI

REPORTAJES

ANIVERSARIO 150 ESCUELAS PÍAS EN CUBA [76]

No es fácil resumir un referente de 150 años en la historia cubana, que hereda la obra monumental del sacerdote José de Calasanz, que en el siglo XVI conmovió al mundo con su proyecto de que la educación no fuese sólo el privilegio de unos pocos, sino derecho gratuito de todos.

Y con esta obra de profundo sentido humano y social, pues a Calasanz le parecía insuficiente el trabajo educacional de intramuros de la Iglesia Católica, se fundan las Escuelas Pías en 1597, cuya distinción se expresa en que la educación fuese obligatoria y gratuita para los pobres.

Debo rememorar que nací y crecí en un hogar de tradición escolapia. En mi casa natal de la Calzada del Cerro, a primeras horas del día se abría la puerta, se le ponía un ganchito a la misma, y la puerta quedaba abierta hasta la caída del sol.

Y esto es lo ocurrente, que la puerta de entrada de la casa, no se cerrara durante el día. Por eso pienso que un hogar familiar cuya residencia mantiene sus puertas abiertas es la mejor definición metafórica de ese espíritu escolapio, lleno de purezas, de aperturas, de generosidad y de solidaridad, que yo recuerdo de mi niñez y que debe haber estado en el corazón y en el tejido de la obra educacional de José de Calasanz.

Los regímenes comunistas, como el de Cuba y el de Corea del Norte, cierran todas las puertas de expresión, de movilidad, de organización y por supuesto hasta las del presidio. Lo opuesto al espíritu escolapio.

Ante la crisis de desconcierto personal y social que el comunismo totalitario ha instaurado en Cuba, es casi una obligación para encausar al país por derroteros democráticos y de reconciliación nacional, que

---

[76] *Diario Las Américas*, 12 de junio de 2007.

retomemos de la memoria histórica cubana los aportes de carácter moral y educacional que se han destacado por su perdurabilidad.

Entre tantos esfuerzos de diferentes denominaciones y carácter, hoy corresponde que señalemos el de las Escuelas Pías cubanas que celebran su 150 aniversario dedicado al magisterio como compromiso solemne.

Y aunque la obra escolapia fue interrumpida en la isla cubana por la arbitraria intervención del gobierno comunista al inicio del proceso castrista, la presencia escolapia ha seguido presente en algunas parroquias católicas de intramuros e intensamente en todo el exilio cubano. Inclusive en estos momentos el respetado sacerdote escolapio Mario Vizcaíno ha sido designado Provincial de las Escuelas Pías de la Provincia de los Estados Unidos.

La fundación de las Escuelas Pías en Cuba se basó en la Cédula Real de la Reina Isabel II de España en 1852, teniendo como gestor al entonces Arzobispo de Santiago de Cuba, Antonio María Claret, hoy santo de la Iglesia cubana. Se crea en 1857 la primera Escuela Normal de Maestros en la isla, anexa al primer colegio Escolapio en Cuba, instalado en el antiguo Convento Franciscano de Guanabacoa.

Tanto en la colonia como en la República, la calidad académica de la Normal escolapia y su contribución al magisterio y docencia cubanas fueron siempre admirables. Por tal razón la República, a través de la Administración Postal, emitió tres sellos conmemorativos del aniversario del primer centenario normalista.

Vale la pena mencionar en el trabajo escolapio en Cuba la obra de los escolapios en Puerto Príncipe y en Guanabacoa con su Escuela Anexa gratuita, que en sus últimos años dirigió con admirable celo el Padre Agustín Munfort. Por supuesto no se pueden ignorar las obras escolapias de los colegios del Cerro, San Rafael y de la Víbora, que aunque con un historial menos prolongado en el tiempo, fueron todos de profundo impacto docente y educativo.

Cuando se revisan los aportes de estas dos escuelas escolapias y sus liceos calasancios a las luchas por la independencia de Cuba, comprobamos que el número de oficiales del Ejército Libertador de Cuba y dirigentes del Partido Revolucionario creado por José Martí, fue muy numeroso. Nombres como los de Tomás Estrada Palma, Salvador Cisneros y Betancourt, Juan Bruno Zayas, Adolfo del Castillo, José Elías Entralgo, Enrique José Varona y José Martí Zayas-Bazán, entre otros, son una muestra impresionante de los más de ciento cincuenta oficiales independentistas que provenían de las aulas escolapias.

Este historial escolapio explica que cuando el General Máximo Gómez acampó en las afueras de Guanabacoa, antes de entrar en la ciudad de La Habana ya derrotados los españoles, visitara el colegio de las Escuelas Pías de Guanabacoa en un gesto de respeto y camaradería.

No seríamos justos si no mencionamos el aporte científico escolapio en el campo de las Ciencias Naturales con los hermanos Poey, los padres Galofré y Roca, el doctor don Carlos de la Torre; en Malacología y Geología con los padres Clerch y Galtés; en la disección de ejemplares de la fauna cubana con el padre Antonio Perpinyá

El museo escolapio de Guanabacoa se enriqueció con las colecciones naturalistas de Carlos de la Torre y del Dr. Francisco Muller.

Paralelamente a la labor de los Padres Escolapios con el alumnado masculino, también las Madres Escolapias contribuyeron a la educación y formación católicas femenina en colegios fundados en Guanajay, Artemisa, Casablanca, El Cerro, Cárdenas y Morón.

En el año 2004 un grupo de Madres Escolapias regresaron a Cuba, trabajando en la parroquia de Guanajay con el párroco escolapio Franscsc Carreró.

En la historia de la Acción Católica Cubana hay que mencionar la obra precursora del padre escolapio Manuel Serra, Rector entonces del Colegio escolapio guanabacoense. Posteriormente el hermano Victorino de la Salle fundaría con un grupo de colaboradores la Federación de la Acción Católica de Cuba que siempre contó con el respaldo de los Padres Escolapios.

La cosecha escolapia en la Iglesia cubana cuenta con figuras destacadísimas, como Mons. González Estrada, primer obispo y Arzobispo cubano de la Arquidiócesis de la Habana, Mons. Manuel Arteaga, primer Cardenal de Cuba, Mons. Alfredo Muller, obispo de

Cienfuegos y previamente obispo auxiliar de la Habana y Mons. Gilberto Fernández, obispo auxiliar de Miami, todos ya fallecidos, entre otros.

Pienso que la opinión del doctor Jorge Mañach sobre la valoración de la educación escolapia en el discurso en la Academia de la Historia de Cuba el 28 de Abril de 1949, resume admirablemente esta historia de grandeza educativa: «Se sabe que los padres escolapios son los educadores religiosos menos impositivos, los más acogedores y flexibles, al menos dentro de la tradición española, si he de atenerme a mi propia experiencia, son, en suma, lo que solemos decir más liberales».

Para cerrar este recuento de 150 años, que por lo limitado del espacio periodístico no puede abarcar todos los detalles de grandeza de la obra escolapia en Cuba, no podíamos dejar de mencionar al Padre Pastor González, uno de los más excelsos maestros escolapios de Cuba, un pastor inolvidable en la diócesis de Guantánamo y un referente obligado en la reinvención democrática de la nación cubana.

Honremos este Aniversario 150 de las Escuelas Pías que pone en evidencia que la obra escolapia en Cuba ha dejado abierta las puertas de su casa al corazón humano y al futuro de la historia cubana...

EL CARDENAL DE BOSTON PRESIDE EL 75 ANIVERSARIO DE LA ACU [77]

En una acto pleno de solemnidad y compromiso, su Eminencia el Arzobispo Sean Patrick O'Malley, Cardenal de Boston, presidió la Misa en conmemoración del 75 Aniversario de la Agrupación Católica Universitaria que se celebró en la Iglesia del Gesu en el centro de Miami, el pasado viernes 8 de diciembre.

Acompañaban al Cardenal O'Malley, Monseñor Agustín Román, Obispo Auxiliar de Miami, el Padre F. Sangul SJ, Provincial de la Orden de los Jesuitas para el Área del Caribe, el Padre Amando Llorente SJ, director de la Agrupación Católica Universitaria, el Padre Francisco Pérez Lerena, Director de la Orden de los Jesuitas en el Sur de la Florida, más la Directiva y cientos de miembros y congregantes de la ACU de todos los Estados Unidos.

Como maestro de ceremonia, el agrupado Juan Manuel Salvat con su habitual serenidad, fue conduciendo las distintas etapas de la conmemoración, que además de la Santa Misa, contó con el pase de los nuevos congregantes que juraron su fidelidad ante la imagen de la Inmaculada Concepción de la Virgen María.

La nave de la iglesia se vio abarrotada de agrupados, familiares, amigos y una amplia representación de las Hermanas de la Caridad de Miami.

Las palabras, en perfecto español, de su Eminencia el Arzobispo Sean Patrick O'Malley, Cardenal de Boston y congregante a su vez de la Agrupación Católica Universitaria fueron recibidas con enorme alegría por todos los presentes, pues hizo un recuento histórico del compromiso con la Virgen María de las congregaciones marianas, como la ACU.

---

[77] *Diario Las Américas*, 12 de diciembre de 2006.

En el final de su homilía, el Cardenal resaltó con sentido bíblico el compromiso que hacen los agrupados al proclamar el «Esto Vir», que significa ser hombre para cumplir a cabalidad la voluntad de Dios, y proclamó su similitud con el maravilloso compromiso de la Virgen María cuando con infinita humildad no dudó en acatar la voluntad de Dios para convertirse en la madre del Redentor.

Al concluir la Santa Misa la emoción colmó los corazones de los presentes, cuando se leyó la larga lista de los agrupados fallecidos, pero no pudo evitarse que la emoción se desbordara cuando fueron mencionados los fallecidos en combate o ante el paredón de fusilamiento durante las cuatro décadas de totalitarismo comunista en Cuba, como, entre otros: Rogelio González Corzo (Francisco), Juanín Pereira, Manolín Guillot y Virgilio Campanería, que dejó escrita una página gloriosa cuando gritó ante los fusileros, «Viva Cristo Rey, Viva Cuba Libre».

Los eventos de celebración del 75 Aniversario de la Agrupación Católica Universitaria culminaron el sábado 9 de octubre con una cena de gala, en donde se presentó un libro que hace un recuento histórico de la ACU, escrito por el agrupado e intelectual Salvador Subirá-Turró.

El libro recorre con admirable transparencia el origen de la ACU con el Padre Felipe Rey de Castro SJ y los agrupados pioneros encabezados por Juan Antonio Rubio Padilla, José Ignacio Lasaga, Melchor Gastón y Ramón Barcía, entre otros.

Después el texto de Subirá reseña que al fallecer el Padre Rey de Castro, es nombrado director el Padre Llorente SJ y como sub-director el Padre José Barbeito SJ, que con un celo incansable concluyeron el proyecto inicial de llevar el mensaje mariano a la Universidad de La Habana y posteriormente a la Universidad de Villanueva.

Paralelamente se construyó la Casa de Ejercicios Espirituales Pío XII y se creó el Buró de Información y Propaganda, mientras se formaban a cientos de agrupados y se cumplían obras de apostolado en el barrio de Las Yaguas y en la Sierra Maestra.

Pero llegó la interminable pesadilla del comunismo y la ACU es expulsada de Cuba. Muere el Padre Barbeito y comienza entonces el largo exilio. La ACU se extiende por Miami, Washington, Atlanta, Puerto Rico, Tampa, Nueva York, Gainsville. Se estimulan y realizan obras de apostolado en Honduras, Colombia, República Dominicana.

Y el libro concluye con la nueva Casa de Ejercicios Juan Pablo II construida en Miami y el compromiso de mantener la mirada atenta y el apostolado activo sobre la sufrida Cuba.

Durante los dos días de eventos conmemorativos, el Padre Llorente, a pesar de su humildad acostumbrada, no pudo ocultar la satisfacción y el orgullo de sentirse rodeado por los agrupados llegados de todos los rincones de los Estados Unidos y de Puerto Rico para celebrar la obra de la ACU que cumplía su 75 Aniversario.

La presencia del Cardenal Primado de Boston y del Padre Llorente le dieron a los eventos una distinción merecida.

VII

CONFERENCIAS

JOSÉ MARTÍ: UNA VIDA SIN ACABAMIENTO [78]

Debo dar gracias a los organizadores de este memorable evento por invitarme a participar en este congreso «Celebrando a José Martí», con motivo del aniversario 153 de su nacimiento y gracias a ustedes por acompañarnos.

La vida de José Martí estuvo marcada sistemáticamente por una misteriosa al sacrificio.

Y quiero recordar hoy una frase que pronunció la insigne poetisa chilena Gabriela Mistral sobre José Martí, que se me ha grabado en el pensamiento para siempre y que nos va a servir para sustentar la tesis de esta ponencia:

Cito a la Mistral: «La persona y la obra de Martí fue una vida sin acabamiento»...

Y es que ese karma maravilloso por el dolor intenso que padeció Martí durante toda su vida, no ha tenido final.

Unamos esta frase casi ontológica de Gabriela Mistral con una frase íntima de Martí en carta a su madre, una vez fracasado el matrimonio con Carmen Zayas Bazán:

Cito a Martí: «Siento que jamás acabarán mis luchas».

Qué curioso que Martí le confesara a su Madre, con otras palabras, lo mismo que dijo de la poetisa chilena, en cuanto a *una vida sin acabamiento*.

Martí en vida conoció muchas elocuencias, pero en Dos Ríos, conoció la elocuencia misteriosa de morir en una encrucijada amorosa inentendible de valor supremo.

Por esos paradigmas de la historia la elocuencia sacrifical y solitaria de Dos Ríos, también estará presente, como un signo imborrable, en casi todos los actos amorosos de la vida de José Martí.

---

[78] Ponencia presentada en el Congreso «Celebrando a José Martí», Miami, 2006.

Y he aquí el tema central de nuestra ponencia.

No voy a hacer una relación puntual de todas los amores que se cruzaron en la vida de José Martí. No sería justo con el tema de la conferencia, pues algunos se cruzaron como el mendigo y la flor, circunstancialmente.

Pero por supuesto aparecerán algunos amores muy exponenciales y precisos, parecidos a las arenas de la playa cuando se alborotan al escuchar el canto de la golondrina.

Aunque es cierto que lo amoroso es consustancial en la vida de José Martí, debemos insistir en que lo sustancial está en el misterio del acabamiento, que lo acompañó tanto en Dos Ríos, como en su vida afectiva.

La primera mujer en su vida fue su madre, doña Leonor Pérez. A ella dedicó páginas de ternura excepcional, aunque ella siempre estuvo distante de su vocación patria.

Duro quehacer para un hijo que una Madre no entienda sus andares. Desde presidio, ya en 1870, escribe a doña Leonor esta nota confesional:

«mírame madre y por tu amor no llores/si esclavo de mi edad y mis doctrinas/tu mártir corazón llené de espinas/piensa madre que nacen entre espinas, flores».

Ya en México se produce, tal vez, el amor más apasionado y tormentoso en la vida afectiva de José Martí, cuando conoce a la controversial actriz Rosario de la Peña, una bella y guapa mujer de ojos morenos, mirada gitana y largos cabellos, algo mayor que él en edad, pero atractiva hasta la saciedad y centro de atención y de querer en todos los círculos literarios de México.

Rosario como que representó para Martí el papel de la amante apasionada y la mujer deseada. Su amor de hombre se vuelca en esta mujer plenamente, pero sin duda Martí también tenía otras metas y no obtuvo la aceptación esperada por parte de Rosario. Cito a Martí:

«En ti pensaba y puse un punto en mi vida y quise yo soñar que tú eras mía...Rosario, despiérteme usted... esfuércese... vénzame... yo necesito encontrar en mi vida una explicación... un deseo... un motivo justo... una disculpa noble en mi vida... de cuantas vi... nadie más que usted podría... y hace 4 o 5 días que tengo frío».

«*Vénzame*» es una palabra poco usada en la obra epistolar y literaria de José Martí, que explica su necesidad de pasión amorosa y su rendimiento ante la belleza de esta cautivadora mujer. Pero también esta relación, como todas las demás, va a quedar sin acabamiento.

En México conoce Martí a Carmen Zayas Bazán y queda prendado de la belleza de esta linda camagüeyana, de personalidad avasalladora, tiposa, de ojos negros y largos cabellos.

Se inicia un noviazgo entre ambos y Martí confiesa a su amigo Mercado:

«Carmen ejerce en mi espíritu una suave influencia fortificante, no es pasión frenética, a menos que en la calma haya frenesí, pero es como atadura y vertimiento... voy lleno de Carmen que es ir lleno de fuerzas».

Viaja Martí a Guatemala en 1877 y comienza a impartir clases. Entre sus alumnas hay una guatemalteca inquieta, altiva y bella, María Granados, que queda profundamente enamorada de José Martí.

Regresa Martí a México y decide contraer matrimonio con Carmen Zayas Bazán. Ambos viajan a Guatemala y entonces se produce el inesperado fallecimiento de María Granados, *La Niña de Guatemala*.

Y deja Martí su testimonio, casi una confesión indiscreta, al recuerdo de María:

«Quiero a la sombra de un ala contar este cuento en flor/la Niña de Guatemala/la que murió de amor/El volvió/volvió casado/ella se murió de amor/dicen que murió de frío/yo sé que murió de amor».

Y me detengo en este punto, como un cruce misterioso de destinos, buscando al menos claridad de amanecer:

El amor sensual y tormentoso con Rosario de la Peña. «Vénzame», le pidió Martí a esta bella mujer.

El amor dulce y tierno, casi infantil con la Niña de Guatemala, a la que sólo, según testimonios creíbles, besó en la frente. «Yo sé que murió de amor».

Y entre ambos amores el matrimonio con la camagüeyana Carmen Zayas Bazán. Amor suave y sin pasión frenética, pero amor intenso.

En 1878 Martí y Carmen regresan a Cuba. Un año después es detenido Martí por sus actividades revolucionarias y es deportado a España.

Carmen queda decepcionada y frustrada. Su ilusión legítima de un esposo hogareño y tranquilo queda atrás como una quimera inalcanzable.

Para Martí la Patria era su destino existencial primario y el hogar tenía que supeditarse.

Viaja Martí a Nueva York y allí conoce a Manuel Mantilla y a su esposa Carmen Miyares, la venezolana, aunque de linaje medio cubano y medio venezolano.

Los Mantilla le abren a Martí las puertas de su casa.

La distancia de su hijo lo inspira y escribe *Ismaelillo*. No le escribe a la princesa madre, sino al hijo: «Para mi príncipe enano se hace una fiesta. Por las mañanas mi pequeñuelo me despertaba con un gran beso»...

En 1982 su esposa con el pequeño hijo viajan al encuentro de Martí en Nueva York. Un nuevo intento de salvar distancias. Pero apenas transcurridos dos años Carmen decide nuevamente la separación y regresa a Cuba.

El Martí de sillón, bata de casa y sandalias de felpa no era posible en una vida sin acabamiento puesta al servicio de la Independencia de su Patria.

Vuelve Martí a casa de los Mantilla, pero en esta ocasión la Carmen Miyares había quedado viuda y vivía con sus hijos, que adoraban a Martí.

Sin lugar a dudas, Carmen Miyares se convierte en el último gran amor de Martí, el cual le brinda una estructura de hogar tranquila y gratificante.

Desde tierra cubana en el año 1895 escribe a María, la hija de Carmen Miyares, su niña adorada:

«OH María, si me vieras por esos caminos contento y pensando en ti con un cariño más suave, queriendo coger pronto estas flores que crecen».

Y llega Dos Ríos, solitario y evocador.

Mucho se ha discutido sobre al muerte de Martí en Dos Ríos, y mucho se seguirá discutiendo, pero su muerte evocará siempre su encrucijada amorosa más sublime.

Y su obra y sus amores, como dijo con acierto adelantado Gabriela Mistral: «quedan todos sin acabamiento», al pie de un misterio sacrifical.

Gracias a todos. Terminar esta obra sin acabamiento de José Martí, justa, amorosa y unificadora, queda para el pueblo de Cuba, del cual somos parte.

ORIGEN IDEOLÓGICO DE LA REVOLUCIÓN [79]

Estimados amigos y testigos de este evento cultural cubano, patrocinado por la Sociedad Española Cuba en Transición.

El tema que nos ocupa es maravilloso, pues siempre queda abierto a la especulación más creadora. Intentaremos pues tomar al toro por los cuernos, como bien repite con gracia sin igual el refranero popular español.

Realmente entre las ideas que dieron origen a la revolución cubana que derrotó al dictador Fulgencio Batista hay una mezcla variada de aportes disímiles que dieron origen a esa trascendental espiral del destino glorioso de la violencia revolucionaria, dentro del cual tantos se han visto atrapados y del cual algunos aún no han podido salir.

Por supuesto, el aporte más importante de todos hay que investigarlo en la psiquis rara, delincuencial y megalómana de Fidel Castro.

Con suficientes fundamentos de historia verdadera se podría afirmar que los fundamentos ideológicos de la inmensa corriente de revolucionarios que integraron las filas del proceso que corre desde 1952 hasta 1959 para derrocar a la dictadura de Fulgencio Batista, tenía una concepción ideológica democrática heredada del enciclopedismo francés y del pensamiento positivista y ético del pensador Enrique José Varona, con elementos adicionales más modernos sustraídos del pensamiento social demócrata y del pensamiento democristiano, apoyados todos en el pensamiento ecléctico, liberal y amoroso de José Martí.

Realmente es un arcoíris fácil de distinguir, pues tiene elementos muy comunes desde el punto de vista de la democracia liberal que se desencadene de la división de poderes y que se fundamenta en la libertad.

---

[79] Ponencia presentada en el Congreso Cultural Cubano efectuado en Madrid los días 29 y 30 de enero del 2004.

Pero en el otro núcleo que se agrupaba alrededor del círculo estrecho de colaboradores de Fidel Castro, como su hermano Raúl, Ernesto Guevara, Camilo Cienfuegos y Ramiro Valdés, entre otros, hay que afirmar que la mescolanza de ideas jugueteaban con los idearios del anarquismo, del trotskismo y del marxismo-leninismo.

Paralelamente a estas dos núcleos, debe quedar muy claro, que el principal fundamento de Fidel Castro no eran las ideas, por las cuales no ha sentido nunca mucho respeto, sino la estrategia para la toma del poder.

El asalto al poder era la obsesión y la idea medular en la mente de Fidel Castro, independientemente de que su hermano Raúl o el Che Guevara andaran por otros rumbos ideológicos más radicales y definidos. Inclusive ahora, en el ocaso senil de su vida, la obsesión de Fidel Castro por morir con ese poder absoluto debajo de su almohada, sigue siendo su meta prioritaria.

Tampoco quisiera aparecer diciendo, como un radical ultramontano, que en la mente del dictador Fidel Castro no puedan albergarse ciertas ideas, en algunos casos muy bien elaboradas en dirección del centralismo autoritario y cruel.

Pero ya ni siquiera me parece prudente la clásica discusión de si Fidel Castro era o no un comunista convencido antes de 1959.

Al menos no actuó como tal.

Pienso que ni las ideas de Martí ni las de Marx ni las de Lenin ni mucho menos las del enciclopedismo francés, estuvieron realmente en los fundamentos ideológicos de Fidel Castro, si es que tuvo algún pensamiento pasajero en alguna de sus noches de insomnio, que no fuese la toma del poder.

Fidel Castro es un hijo excepcional de San Ignacio de Loyola, pero en el camino y con mucha rapidez, dejó esa maravillosa religiosidad pura del santo y el amor infinito a Dios, para asumir estrictamente su liderazgo duro en cuanto a exigir la disciplina vertical de sus súbditos o seguidores. Fidel Castro es un jesuita sin Dios, que tiende y ha demostrado ser una ecuación peligrosa.

El poder, la autoridad, la sumisión, el paternalismo y el cacicazgo –en el sentido más fundamentalista de la palabra–, afirmaría sin temor profesoral, son las ideas fundamentales en la mente del inspirador y el eje de la revolución castrista.

Por eso revolucionarios de tanto prestigio y respeto por el ser humano, como Humberto Sorí Marín, Mario Chanes de Armas, Pedro Luis Díaz Lanz, César Paez, Porfirio Ramírez, Huber Matos, Manuel Artime, Eloy Gutiérrez Menoyo, David Salvador, Rolando Cubelas, Carlos Franqui, Ramón Guín y Pedro Luis Boitel, por citar sólo un puñado, y cada uno en su tiempo circunstancial, se saltaron a la oposición a Fidel Castro.

Y algunos pagaron caras sus vidas en el paredón de fusilamiento o en las cárceles castristas.

Por todo lo anterior es que he querido ex-profeso empezar esta conferencia, de atrás para delante.

Ya tenemos nuestra conclusión. Veamos ahora la argumentación:

Si analizamos con hondura crítica *La Historia Me Absolverá*, esa famoso documento de Fidel Castro en el juicio por el ataque al Cuartel Moncada, veremos que es un documento muy similar al programa del famoso movimiento del ABC en 1932, que resulta un documento liberal clásico con promesas de elecciones, limitación de latifundios y alguna que otra nacionalización, al mejor estilo del populismo de democracia representativa que imperaba en los países latinoamericanos.

En el Pacto de México, que Fidel Castro firmó con José Antonio Echeverría en 1956, se consagraba un respeto promisorio al ejército constitucional dirigido por los dignos oficiales Barquín y Borbonet, encarcelados unos meses después, ya en 1957.

Pero además, en el documento se planteaba el respeto al imperio de la ley, sin odios mezquinos a nadie.

Qué curiosa esta frase, pues con posterioridad el castrismo ha odiado indiscriminadamente a todos los que no compartan su visión centralizante y totalitaria del manejo del Estado.

Lamentablemente Echeverría murió en el heroico ataque al Palacio Presidencial de 1957.

Y es sumamente interesante que desde la Sierra Maestra, Fidel Castro acusara la acción heroica del 13 de marzo como un ataque «putchista» contra la revolución.

Fíjense con atención en que, todo acto que menoscabara en algo el poder de Fidel Castro, era y es inmediatamente desacreditado o combatido por el caudillo.

Aquí podríamos detenernos y empezar a recitar hechos históricos de la reacción del dictador Fidel Castro ante acontecimientos que de unan otra forma podrían poner en entredicho o menoscabar su poder.

Su reacción era instantánea y demoledora. No perdía tiempo en hacer trizas al adversario o en provocar que el adversario se sintiera como un guiñapo humano.

No olvidemos la crítica pública en los primeros días de 1959 por las armas que el Directorio 13 de marzo poseía con todo su derecho revolucionario, pero que a él le preocupaban.

Mencionemos sólo algunos hitos de relevancia, como la condena a Huber Matos, la destitución de Manuel Urrutia, el suicidio del comandante Peña por la absolución de los aviadores, la prisión de Aníbal Escalante y los viejos comunistas de la microfracción, el suicidio de Haydee Santamaría, el fusilamiento del general Ochoa y el resto de los oficiales que lo rodeaban, el fusilamiento y el encarcelamiento de los jimaguas De La Guardia respectivamente.

En fin, no hacen falta más ejemplos. Todos tienen relación con el poder absoluto que Fidel Castro ejerce sin piedad alguna.

Debemos decir sin dobleces que realmente en 1959 el castrismo dio el poder al comunismo cubano, desprestigiado por sus viejos nexos con el batistato y por su tesis blanda electoralista, orientada desde Moscú. Pero estos viejos dirigentes del comunismo cubano, aglutinados en el Partido Socialista Popular, sí tenían al menos un cuerpo ideológico muy bien instrumentado.

Y este comunismo del Partido Socialista Popular, con Blas Roca, Lázaro Peña y Juan Marinello, dio a Fidel Castro la ideología totalitaria, ideal para sus ambiciones vitalicias al más largo lapso de tiempo posible en el poder.

Es casi un enredo mayúsculo entre ideas versus poder, que Fidel Castro resolvió con enorme ligereza, pues el poder era su meta verdadera. Eso que él mismo dijo en su carta a Celia Sánchez en 1958, de que su meta era la lucha contra los Estados Unidos, es un mito demagógico.

Su única meta era el poder y no nos extrañaría verlo aliado con alguno de los próximos gobiernos de la Casa Blanca, si su deteriorada salud y la crisis económica cubana se agravaran más.

Al menos, ya está colaborando con el FBI en materia de narcotráfico y aceptó con callada y rara disciplina que el gobierno de George W. Bush usara la base de Guantánamo para los presos talibanes.

Permítanme dar un salto a la imaginación, pues ya a nadie en su sano juicio, se le ocurre ser comunista.

Las experiencias horribles del estalinismo y el derrumbe estrepitoso del comunismo en Europa del Este y en la Unión Soviética dejan al comunismo en el pasado más bochornoso.

Pero resulta paradójico que la revolución castrista se siga llamando comunista.

Entonces nuevamente surge, como por arte de birlibirloque, la mejor carta que Fidel Castro puede jugar en la mesa de naipes: el poder. Y es la misma carta que ha jugado desde el primer día.

¿Cómo mantener el poder ante un mundo que repudia los ideales comunistas?

Para un hombre sin escrúpulos, es muy fácil.

Primero, pedirle a su más acérrimo enemigo, los Estados Unidos, su moneda. Viene entonces la dolarización, que echa por tierra todo el engranaje ideológico del marxismo cubano hacia el sueño guevarista de crear un hombre nuevo.

Porque la dolarización crea en el país una subdivisión de privilegios y de discriminación nunca antes vista en la historia social de Cuba.

Y esto sustenta el tema que estamos presentando en este Congreso de Cultura Cubana, pues definitivamente en Fidel Castro hay ideas sueltas y las utiliza a su mejor conveniencia para prolongar su poder político.

Pero la idea central en la mente del dictador cubano y de su concepción revolucionaria es el asalto y el mantenimiento del poder.

Alfabetizar, nadie duda de sus planes de alfabetización masiva, pero centralizar férreamente la educación para que nadie se atreviera a discrepar de él.

Y los que se atrevieron a discrepar, aunque sea con los métodos pacíficos de Gandhi, como los poetas Raúl Rivero y Manuel Vázquez Portal, como los periodistas independientes, como los patrocinadores del Proyecto Varela y como los tres cubanos de la raza negra que intentaron huir del país, pagaron entonces sus atrevimientos con la prisión o con el paredón de fusilamiento.

Todos los cubanos deben prestar una atención solidaria muy especial a la oposición cubana, que inaugura con las ideas pacifistas del Mahatma Gandhi una etapa novedosa en la historia cubana, que se aparta de ese destino, tan dañino, de la violencia revolucionaria.

La disidencia oposicionista cubana está sentando un precedente histórico con su pacifismo contra la dictadura de Fidel Castro.

Y por eso, todos los cubanos de todas las orillas, sin excepción, tienen el deber de solidarizarse con la disidencia en intramuros.

Cualquier excepción crírica podría considerarse mezquina. Podemos y tenemos el derecho de simpatizar más o menos con las ideas asambleístas de Martha Beatriz Roque, con las ideas rebeldes indoblegables de Biscet, con el heroismo sin precedentes de Oswaldo Paya su Proyecto Varela, con la idea contestataria de Vladimiro Roca o con la concertación evolutiva de Morúa.

Pero lo que no podemos es coincidir con el castrismo en sus deseos de aplastar alguna o todas estas expresiones de libertad.

Concluyo, para no alejarme del tema que nos ocupa. Termino repitiendo una nota de ese gran cubano, maestro de generaciones y un hombre de dignidad y moral plena en la historia cubana, como Carlos Márques Sterling:

Fidel Castro nunca ha tenido ideología. Si hubiera realizado su revolución en la época de Hitler, se habría declarado nazista.

Gracias

CUBA Y EL SIGLO XXI [80]

La reflexión que hacemos hoy con los amigos presentes sobre la nación cubana en el siglo XXI, quiere honrar el 138 aniversario del natalicio del Apóstol de la Independencia, José Martí.

Cuba se acerca al inicio del Siglo XXI y debe ser responsabilidad de todo cubano prever un destino nacional honroso, soberano y libre.

Martí previó que la nación cubana creciera en el decoro y se sustentara en el amor. Toda la obra martiana es una enciclopedia del ser humano.

Por eso consagró la República al respeto por la dignidad plena del hombre. La patria concebida por Martí no puede ser patria de venganzas, de odios fratricidas, de actos de repudio, de marchas excluyentes, ni de grupos sectarios y elitistas.

La patria de Martí o es de todos o no hay patria.

En el análisis previo al Siglo XXI que se avizora, vemos que la nación cubana se ha movido dentro de un marco histórico ambivalente. Los momentos positivos de maduración y las expresiones negativas se han enfrentado en ciclos de desajustes periódicos.

Los momentos positivos de maduración se materializan, entre otros: en las ideas de Félix Varela y José A. Saco; en los versos de José M. Heredia; en el proyecto de José Martí; en el nacionalismo de Antonio Guiteras; en la Constituyente del 40; en la pureza de intenciones de José Antonio Echeverría y en tantos esfuerzos posteriores por impedir el rumbo totalitario de Cuba.

Los momentos de expresión negativa que han retardado el progreso de consolidación nacional, podemos localizarlos en dos temas básicos: la expresión impositiva de aplastamiento y la injerencia extranjera:

---

[80] Ponencia en el Fórum 1991 en Times Square, Nueva York, convocado por la Delegación del Partido Democrático Cristiano de Cuba.

La expresión Impositiva del aplastamiento se define como una expresión antidemocrática que ha proyectado un rasgo de inmadurez nacional. Citemos sólo algunos ejemplos:

En 1902 se produce el favoritismo por imponer la fórmula electoral de Estrada Palma en contra de Bartolomé Masó, por la presidencia de Cuba, con el apoyo del interventor Leonardo Wood.

En 1930-1933 se produce la dura y cruel represión por parte del dictador Gerardo Machado para aplastar a la generación oposicionista revolucionaria de 1930.

En 1952 Fulgencio Batista rompe el curso civilista y constitucional de la República, para ignorar e imponerse a la voluntad soberana de las urnas democráticas.

En 1959 el comunismo castrista olvida los postulados democráticos enarbolados por el pueblo durante el proceso revolucionario, e impone los detestables fusilamientos a los criminales de guerra de la dictadura batistiana e instala el militarismo verde olivo para apuntalar a la dictadura marxista totalitaria.

Lamentablemente también estamos viendo en el exilio ciertos intentos de proyección impositiva, en quienes utilizando el terrorismo radial y el poder económico, no dan cabida al libre juego de las ideas y del debate democrático.

La injerencia extranjera se define como los deseos hegemónicos y coloniales de las grandes potencias por impedir el desarrollo nacional.

Los españoles que se atribuyen legítimamente el descubrimiento evangelizador de la Isla, se resistieron tenazmente a concederle su independencia.

Los Estados Unidos con la Guerra Hispanoamericana y la Enmienda Platt demostraron, en aquella etapa, que deseaban una Cuba mediatizada y sumisa.

La Unión Soviética finalmente pretendió colonizar a Cuba, no solamente por la vía de la independencia económica, sino por las tropas de combate que estacionó en el territorio cubano y en la base de submarinos de Cienfuegos.

Los cubanos se enfrentan al reto colosal del Siglo XXI. Si quieren fortalecer a la nación cubana para pertenecer al concierto de naciones libres y ser parte del Nuevo Orden que se vislumbra dentro del fin de la Guerra Fría, tienen que volver al proyecto de dignidad, justicia social, libertad y reconciliación de José Martí.

Con ellos estarán erradicando la «primacía impositiva del aplastamiento» y los peligros colonizadores de la «injerencia extranjera». La patria o es de todos, o no hay patria.

Decía José Martí que la libertad no es una bandera cuya sombra los vencedores se devoran a los vencidos y los abruman con su incansable rencor».

Gracias

MONÓLOGO CON YOLANDA [81]

Gracias a ustedes, amigos y amigas presentes, que hacen de esta novela frágil y dolorosa, *Monólogo con Yolanda,* un momento para compartir.

Gracias a mi editor Juan Manuel Salvat por confiar en mi capacidad narrativa. Desde que llegué de Cuba, después de 15 años de prisión política, él ha sido un aliento permanente para que no dejara de escribir vivencias y narraciones.

Gracias a la Feria del Libro, y en especial a los amigos Eduardo Padrón, Alina Interián, Alejandro Ríos y Ángel Cuadra, por ofrecer este marco inquieto y luminoso, donde podemos manosear libros sin pudor alguno.

Gracias a mi hija Yolanda por darme su nombre para uno de los personajes principales de esta novela. Generalmente los hijos agradecen a los padres por el nombre.

En *Monólogo con Yolanda* es al revés, el escritor usa el nombre de su hija y lo agradece.

Gracias a Ernesto, mi hijo varón, que por razones de trabajo y estudios en Carolina del Sur, no pudo estar presente esta tarde. Tal vez mi necesidad como padre de conversar con él, con Yolanda, con los jóvenes, nada fácil en esta sociedad agitada y cruel, sea el impulso básico de esta novela.

Después de haberla escrito me he dado cuenta de que hubiese sido maravilloso haber hablado más conmigo mismo durante mi juventud. Lamentablemente no hubo tiempo.

Gracias a los maestros grandes que he sentido más cerca: A Jorge Luis Borges, que además tuve el altísimo privilegio de conocer, por inculcarnos el amor por los laberintos.

A Juan Rulfo, el mexicano que escribió *Pedro Páramo,* por estimularnos a no temer a la violencia.

---

[81] Palabras de presentación en la Feria Internacional del Libro de Miami, noviembre, 1995.

A Juan Carlos Onetti, el autor del *Astillero*, por su afecto a los de abajo, a los marginados, no importa que sean prostitutas.

A Thomas Mann, ese gigante y gran maestro de la narrativa. Gracias a Tensy, mi esposa, que con paciencia de costurera y amor verdadero, permitió esta dulce locura de convivir con todos los personajes de esta novela.. Así he andado este último año, con la mente inmersa en cada uno de sus personajes de *Monólogo con Yolanda*.

Gracias a mi hermano Juan Antonio, guía de mis actos, que viajó desde Caracas.

Y gracias a Dios por darme capacidad para sufrir en otros y poder narrar libremente. Sin esa disposición, no hubiese sido posible *Monólogo con Yolanda*.

Esta novela es parte de ese viejo instinto de narrar que nace con todo ser humano, desde que es concebido en el amor íntimo de la pareja.

Toda novela es un maridaje entre lo sorpresivo y la ficción; lo maravilloso y el testimonio; lo telúrico y el corazón del ser humano. Esta novela, como todas, es dominante, indiscreta, denunciadora, amorosa y manipuladora.

Yo diría que es una narración para abrazarse a la tierra. He ahí el sentido telúrico de la narrativa hispanoamericana, de la cual no se aparta.

Y cito la frase que abre y cierra la novela: «Recostó su cabeza encanecida y arrugada sobre el montículo de tierra. Sus ojos claros se habían oscurecido de cansancio. El sueño colmó de vida sus recuerdos. Parecía cansado, en su rostro se reflejó un agotamiento total».

Monólogo con Yolanda es un sueño en dos islas. Una isla real, implícita en el relato largo del abuelo Javier, habitada por adultos llenos de razón cartesiana-hegeliana, de ismos, de consignas y durezas, de persecuciones, de maltratos, de fusilamientos y de locuras, que al final, producto de tantas sombras lacerantes y dolorosas, quedó hundida en la soledad y la desesperanza.

Y cito el episodio del suicidio en la zanja de excrementos en una prisión: La sangre saltaba de sus venas a cada tajo como si quisiera o pretendiera regar unas semillas de impotencia en aquella zanja inmunda. Enseguida con las botas chapoteando fango de excrementos me lancé hacia él y lo abracé. Fue un momento eucarístico inolvidable de sangre pestilente, de cariño humano, de dolor de siglos. No le hablé de Dios. Él no creía en Dios. Si el amigo se hubiese suicidado, hubiese sido una elección ecléctica salida de la mano de Dios...»

Esta parte testimonial de la novela es la que más le gusta a mi editor. Sin embargo, yo coincido con la crítica de Gloria Leal, que prefiere el elemento ficción de la novela.

La otra es una isla desprendida, a la deriva. La Isla de las Palomas nos adentra en el vuelco mágico de *Monólogo con Yolanda*.

Esta isla no está dirigida por ninguna fe moderna, carece de patrones medievales. Pero es una isla de sueños, de palmas, de desnudos, de escape, de amoríos de juventud, de cuevas misteriosas, de animales que conviven por instinto de vivir y no por caprichos de matar. Es una isla sin estructuras políticas dominantes. Es una isla de cangrejos ciegos que habitan en su cueva mítica. Es una isla colmada de palomas mensajeras. Ninguno de los cangrejos ni de las palomas habla, pero terminamos queriendo a los cangrejos y a las palomas como seres de la familia.

En la novela hay un mensaje de amor humano en toda la trayectoria dolorosa del viejo Javier. También hay un desgarramiento que es predominante en este siglo que despedimos. El materialismo modernista, con sus nomenclaturas ideológicas y una fe ciega y abusiva, se despide del Siglo XX manchado de sangre. Cuando un ser humano prefiere matar que morir, es porque tiene terror a la libertad. «Matar es castrar, morir es dormir», se sentencia con admiración y fuerza antológica en la obra.

Al final, una paloma regresa a posarse en las rejas de una ventana abandonada, de un pueblo abandonado. Y un joven, de nombre Jo, tiene valor para cerrar la puerta de un pasado y contemplar entristecido la fe del futuro.

Monólogo con Yolanda es una novela corta cargada de simbolismos, de elementos mágicos. Siempre la concebí como un sueño tierno, pero los sueños, que son todos una carga del inconsciente, terminan muy frecuentemente creando pesadillas. Por lo tanto, permítánme definirla como una pesadilla de amor.

Agradezco mucho a «Monólogo con Yolanda» que me haya metido de lleno en ese mundo de catacumbas, que anoche definió el gran escritor, Abel Posee, que es donde se reúnen los escritores para narrar sus inconformidades, al margen de las tonterías de imposición que aún padecemos de la política incompetente.

Gracias al amigo escritor colombiano, Luis Zalamea, por estar con nosotros esta tarde. Les confieso que «Monólogo con Yolanda» me aleja de la pasión política, que tiende a ser irracional y torpe.

Gracias a todos.

LA LIBERTAD DE PRENSA EN LOS ESTADOS UNIDOS [82]

La libertad de prensa en los Estados Unidos es un icono insoslayable grabado en el corazón de la propia historia del país, que les brinda a sus ciudadanos la garantía de un destino democrático pleno de libertades y de prosperidad económica.

El primer periódico en la historia de lo que después sería el país que hoy conocemos fue el «Public Occurrence: both Foreign and Domestic», que tuvo sólo un día de duración el 25 de septiembre de 1690, pues fue prohibido inmediatamente por las autoridades coloniales británicas.

No obstante, este hecho fue como una chispa contagiosa para que surgieran otros medios informativos y la libertad de expresión sentara sus cimientos en el país con solidez y sensatez.

La ventana informática que se ha abierto para que el pueblo de los Estados Unidos se exprese sin limitaciones y conozca el acontecer noticioso, a través de más de 300 años de esfuerzos por la libertad, con el desarrollo tecnológico complementario y la protección jurídica a los medios de prensa, tiene dimensiones históricas dignas de ser imitadas.

Inmersos como están los Estados Unidos, conjuntamente con sus aliados occidentales, en la compleja confrontación en contra del terrorismo en el mundo y en contra de otros peligros acuciantes, como la violencia que genera el narcotráfico, me parece oportuno que resaltemos una de las grandes armas y virtudes de esta gran nación norteamericana para preservar la decencia pública y el respeto entre sus ciudadanos, el apego a la libertad de expresión.

Cuando James Madison, cuarto presidente del país y uno de los primeros defensores de la libertad de prensa sentenció: que era potes-

---

[82] Conferencia de Alberto Müller en el Koubek Memorial Center de la Universidad de Miami.

tad del pueblo sobre el gobierno y no del gobierno sobre el pueblo, el decidir lo que constituye una conducta nociva, dejó sentadas las bases para el respeto a la opinión ajena y para que los poderes públicos se supeditaran a la libertad de expresión del pueblo y de la prensa.

Y esta ecuación de prioridades en el valor moral de la libertad, que parece tan simple, es la fórmula básica para que el sistema democrático en Norteamérica pueda subsistir, a pesar de todos los peligros de agresiones y amenazas.

Las trece colonias, antes de la ruptura con su metrópoli inglesa, desarrollaron una cultura netamente europea y dieron prioridad al modo de gobernarse, más que al concepto teórico de la independencia.

Las colonias del norte crearon la moral del trabajo, con la conciencia de que el dinero lo podía todo, aunque en el fondo también estaban convencidas de que pertenecían a un pueblo selecto. Su meta era la creación de riquezas y el crecimiento del mercado exterior, pero con un trasfondo de espíritu romántico amplio y abarcador, que se manifiesta en su música melodiosa e inolvidable y en su expresión artística en general.

La fuerza de trabajo contratada en las colonias del norte estimuló una corriente migratoria, integrada por alemanes, escoceses, irlandeses, suizos y franceses que aceleró el desarrollo de toda esa región colonial.

Las colonias del sur eran realmente distintas, pues al ser los descendientes de la emigración puritana de los Caballeros del Rey, una vez destronado y ejecutado Carlos I, se dedicaron a fomentar grandes extensiones de tierra, a instaurar el sistema de plantación, y a su vez, a enviar sus productos al mercado exterior.

Aunque en el siglo XVII ya importaban esclavos en algunas colonias, como Cheseapeake y Carolina del Sur, la principal fuerza de trabajo se componía de hombres contratados, incluyendo indigentes y convictos que fueron sentenciados a trabajar en América.

Estas colonias sureñas que dieron nombres ilustres a la historia de la nación, como, George Washington y Thomas Jefferson, quedaron finalmente organizadas por un grupo élite de hacendados y un sistema de castas basado en el trabajo de los esclavos negros.

En la armonización de estas diferencias para unificar las colonias, convertirlas en Estados, proclamar la Independencia y crear su Carta Magna, hubo que trabajar arduamente.

Tres elementos básicos contribuyeron definitivamente al progreso de las colonias británicas, tanto las del norte como las del sur: las tierras, la pujanza de la población y su administración.

Las condiciones estaban creadas para la separación definitiva cuando la Cámara de los Comunes de la Metrópoli decidió grabar el comercio de pieles, prohibir la emisión de billetes, obligar al alojamiento de las tropas inglesas en territorio colonial, aumentar las contribuciones al azúcar y promulgar la Ley del Timbre, que obligaba a pagar impuestos por documentos, licencias y anuncios.

La respuesta de las Colonias fue la de no pagar ningún impuesto que no hubiese sido acordado por ellos mismos. Y de esa decisión surgió el acuerdo de «no pagar impuesto sin representación.»

La chispa de la independencia había llegado y se venía desarrollando con ímpetu hasta que se hizo la Declaración del 4 de julio de 1776 que culminó en la Guerra Independentista y en la creación de los Estados Unidos, como nación soberana.

Las famosas Ordenanzas aprobadas por el Congreso fueron el preámbulo del constitucionalismo en el país. Las primeras disponían que los territorios que componían los Estados Unidos se dividieran en cuadrados de seis millas de costa, los «townships», y cada uno de estos en treinta y seis secciones, dedicando una de ellas a establecer una escuela.

Después vinieron otras Ordenanzas precisando el número de habitantes y las facultades administrativas.

Y finalmente las Ordenanzas de 1787 que establecían los principios de la educación obligatoria y gratuita en las escuelas; la libertad de cultos; y la prohibición de establecer la esclavitud en las tierras del noroeste del país.

La revolución americana, más que violencia irracional, trajo instituciones para gobernar, exaltó el parlamentarismo, proclamó la soberanía popular y sentó las bases de la autonomía nacional.

La Convención Constituyente sugirió un gobierno fuerte y finalmente creó una república federal.

En la instauración de los tres poderes se centró el esfuerzo constitucional de 1787, que estimuló con fuerza de destino el flujo migratorio de los que venían del viejo mundo.

Y eso explica que en 1770 las colonias británicas tuvieran apenas 200 mil habitantes y un siglo después la cifra se elevara a 2 millones.

También se decidieron en crear dos cámaras: una el Senado, con dos senadores por cada Estado; y una Cámara de Representantes, elegida de acuerdo al número de habitantes.

Finalmente la Constitución fue promulgada en la Convención de Filadelfia de 1787. Inmediatamente los Padres Fundadores se percataron de que faltaban las leyes complementarias ante la ausencia de una definición precisa sobre la libertad de expresión y los derechos individuales en la propia Carta Magna.

Y se dictan las famosas doce enmiendas en la «Carta de Derechos» que entró en vigor en 1791. La Primera Enmienda de la Constitución promulgó un dictamen decisivo para la historia de los Estados Unidos, cuando sentenció que la libertad de expresión no podía ser coartada por ninguno de los poderes públicos.

Se plasmó entonces el dictamen maravilloso de la Primera Enmienda para dar garantía del derecho individual a la expresión y de la libertad de prensa.

El dictamen se resume en un rezo de valor ontológico que define: «el Congreso no promulgará ley alguna que menoscabe la libertad de expresión o la libertad de prensa.»

A partir de ese momento, los Estados Unidos se colocan a la vanguardia en la defensa de la libertad de expresión y de prensa en el mundo. Todos los ciudadanos estadounidenses quedan protegidos por la ley ante cualquier arbitrariedad impositiva del poder político o de los medios de prensa.

En la década de 1820 se publicaban ya en el país unos 25 periódicos diarios y unos 400 semanarios. Posteriormente se fundan el *New York Tribune* (1841). El *New York Times*, el *Baltimore Sun* y el *Chicago Tribune* que nacen en la década de 1850.

Surgen entonces dos gigantes de la prensa: Joseph Pulitzer (1847-1911) y William R. Hearst (1861-1865). La feroz competencia entre ellos dos, dio nacimiento a la prensa amarilla o sensacionalista con la tira cómica «El Pilluelo Amarillo» que con frecuencia publicaba informaciones falsas para llamar la atención del lector.

Ya en el siglo XX, el comienzo de la radiodifusión en 1920 y de las imágenes de la televisión en 1948, pusieron fin al monopolio de la prensa escrita y ampliaron masivamente la información rápida a toda la sociedad norteamericana.

Estos avances han sido el preludio del actual desarrollo de la información electrónica, que coloca la noticia a velocidades supersónicas, nunca antes concebidas en esa dimensión de universalidad.

En 1923, Henry Luce creó el concepto de las noticias semanales y surge el famoso semanario *Times* con el precedente de imprimir el nombre y la dirección de los subscriptores en un rótulo de la portada de la revista.

También la revista pudo llegar a un público internacional semanalmente en Hong Kong y Singapur, a través de sus ediciones por Internet.

Inmediatamente surgió el semanario *Newsweek*, como competencia a *Times*. Y así sucesivamente fueron surgiendo otras revistas, como, *Cosmopolitan, Vogue, Reader's Digest*, entre otras.

De acuerdo a mediciones de preferencias realizadas una vez terminada la Segunda Guerra Mundial, más de las dos terceras partes de los adultos norteamericanos leían diariamente el periódico.

En 1987 se fundó la Asociación de Periódicos de Estados Unidos (NAA), el grupo más poderoso dedicado a la promoción de los intereses de la industria periodística, con una membrecía de más de mil cuatrocientos (1,400) periódicos afiliados, que en términos porcentuales representaba el 90 por ciento del total de circulación de medios escritos en los Estados Unidos.

Los primeros cinco periódicos de los Estados Unidos en cuanto a circulación en la década de 1990 eran: *The Wall Street Journal* (1,823,498 ejemplares); USA Today (1,570,624 ejemplares); *The New*

York Times (1,170,869 ejemplares); *Los Angeles Times* (1,053,498 ejemplares) y *The Washington Post* (840,232 ejemplares).

La tecnología espacial hizo posible la publicación del *USA Today* que, después de un extenso estudio de investigación de mercado, decidió dar más énfasis a las imágenes visuales con fotos a color y que se trasmite actualmente por satélite a sus 32 plantas impresoras.

En 1992 el *Chicago Sun Times* comenzó a distribuir artículos vía modem por la red de América On-Line y en 1993 lo hizo en *San José Mercury News*.

El primer servicio de noticias audiovisuales en Estados Unidos, el *News in Motion*, inauguró en 1993 una edición especializada en noticias internacionales con fotos, gráficas y sonido de forma semanal.

En 1994, *Los Angeles Times* creó el *Washington Post News Service* que distribuía noticias en línea a las computadoras de sus lectores.

En 1994, más del 98 por ciento de los hogares norteamericanos poseían dos o más televisores. Y hoy, en una proporción parecida, poseen dos o más computadoras con acceso a la INTERNET.

El hogar promedio podía recibir hasta 30 canales de TV en 1991. Actualmente debe es el doble. Tres grandes cadenas privadas, NBC, CBS y ABC monopolizaron hasta 1970 el 90 por ciento de la audiencia.

La llegada de la TV por cable en la década de los 80 rompió con ese monopolio de las tres grandes cadenas. Ya en 1992 el 62 % de los hogares norteamericanos está suscrito a la televisión por cable.

A su vez, en 1986 el magnate australiano Rupert Murdoch fundó la *Fox Broadcasting* que debilitó el monopolio de las tres grandes cadenas. En este año de 1991 ya habían 1,477 estaciones de televisión en todos los Estados Unidos, tres cuartas partes de ellas comerciales y el resto públicas.

Más de 335 estaciones de televisión pública en los Estados Unidos son independientes y se preocupan de las necesidades de la comunidad.

Por mandato de la ley «Public Broadcasting Act» de 1967, la corporación de Public Broadcasting, creada por el Congreso en 1967, provee subsidios directos a más de 600 estaciones de radio y televisión pública en Estados Unidos

Sin embargo, en una era de predominio de la TV, el alcance de la radio ha resultado impresionante. El 99 por ciento de los hogares norteamericanos tienen por lo menos un radio y el promedio es de seis radios por hogar. Las noticias por radio llegan al 80 % de la población.

Hace 25 años el número de radiodifusoras comerciales norteamericanas había alcanzado la cifra de 4,996 emisoras de AM y 4,442 emisoras de FM. Además el número de emisoras públicas había llegado a la cifra de 1,480 emisoras.

La mayoría de las emisoras públicas son administradas por universidades y por el gobierno para fines educacionales. Las 430 emisoras afiliadas a la National Public Radio (CPB), una organización nacional, sin ánimo de lucro, con sede en Washington, Distrito Federal, tenían en esa fecha 12 millones de oyentes semanales.

Actualmente se calcula que esa cifra de audición pública, se haya más que duplicado.

Realmente lo asombroso de toda esta historia de la difusión en Norteamérica, es que no existe una ley de prensa reguladora en los Estados Unidos, pues la autoridad moral de la Primera Enmienda fue capaz de establecer el principio sagrado del respeto insoslayable al valor de la expresión individual y de la libertad de prensa.

Pero si bien es cierto que no existen leyes referenciales concretas alrededor de la libertad de expresión, sí tenemos una variedad de dictámenes de la Corte Suprema y de legislaciones locales, que han servido para consolidar la importancia de la Primera Enmienda, como sostén de la libertad de expresión dentro de un régimen de derecho.

Y tal vez, el más importante entre esos dictámenes, fue el del juez de la Corte Suprema, Hugo Black, cuando ante el caso de los Documentos del Pentágono en 1971 que el presidente Richard Nixon no quería que se publicaran, sentenció que: «el poder del gobierno de censurar a la prensa fue abolido para que la prensa tenga siempre libertad de censurar al gobierno».

Otros dictámenes de importancia son también:

The *New York Times* versus Sullivan en 1964, que estableció que la prensa es responsable de falsedad difamatoria contra funcionarios públicos, sólo si esos funcionarios podían probar malicia real en el acto informativo.

El Freedom of Information Act de 1966, el cual abre los registros del poder ejecutivo al escrutinio del público y de la prensa.

El Privacy Act de 1980 que protege a las salas de redacción de los medios periodísticos contra los allanamientos policiales.

Definitivamente la trayectoria en defensa de la libertad de expresión en los Estados Unidos, debe servir de guía a otras naciones y gobiernos que en ocasiones se debaten ante la tentación maldita de censurar la naturaleza de la libertad o suprimirla porque le temen a la fuerza de la expresión libre.

Para las naciones que aún luchan por estabilizar y consolidar el respeto a la opinión ajena, los Estados Unidos deben ser un espejo plano de quien quiera copiar su sistema de libertades.

Desde 1690, con el primer periódico prohibido por las autoridades coloniales británicas hasta el día de hoy, los Estados Unidos han recorrido un largo camino en defensa de la libertad de expresión, que es sostén de la voluntad soberana de esta nación.

Y esa libertad de expresión en los Estados Unidos es una virtud esencial para un país que ha devenido en la primera potencia mundial, con un desarrollo tecnológico incomparable y un estándar de vida alto y equilibrado.

Hay peligros que acechan, interna y externamente:

El peligro interior es el monopolio de la prensa por los grandes intereses económicos, que podría limitar el poder de la libre expresión.

El peligro exterior se concentra en las fuerzas destructivas del terrorismo, el narcotráfico y la politización de algunos medios de prensa, que hemos visto reflejados en algunas campañas políticas.

Pero confiamos en las reservas morales de los Estados Unidos, con su principal arma, la libertad de expresión, que se convertirán en un baluarte de garantía para neutralizar estas amenazas reales.

Muchas gracias.

EPÍLOGO

ALBERTO MULLER: UNA VIDA AL SERVICIO DE LA LIBERTAD

Carlos Alberto Montaner

Cuando empezaba a asentarse la dictadura de Fidel Castro, en aquel fatídico 1959, comenzó a sonar el nombre de Alberto Müller, entonces casi siempre asociado al de Manuel Salvat. Eran dos jóvenes estudiantes universitarios, de formación y militancia católica, que pública y frontalmente estaban dando la batalla democrática dentro de la Universidad de la Habana para tratar de impedir la entronización del comunismo en Cuba.

Müller y Salvat habían asumido, por derecho propio, a base de correr riesgos y dar la cara, el liderazgo de una amplia zona del estudiantado universitario que no estaba de acuerdo con lo que entonces llamábamos»la traición a la revolución». La lucha contra la tiranía de Batista no había tenido como objetivo crear una satrapía comunista a las órdenes de Moscú, sino devolverles a los cubanos las libertades conculcadas, restaurar la Constitución de 1940 y restablecer un sistema democrático.

Uno de los instrumentos de lucha que Müller y Salvat utilizaban era una rudimentaria publicación llamada *Trinchera* que llevaba como exergo una frase de José Martí: «trincheras de ideas valen más que trincheras de piedra». Y, si no me falla la memoria, en otro rincón de la cabecera se agregaba una especie sucinta de declaración de principios: «José Antonio, con tus ideas en marcha». Ahí, en esas dos frases, se resumía todo: el propósito era luchar pacífica y cívicamente por la democracia –ese era el método–, mientras la visión política era la de José Antonio Echevarría, el popular líder estudiantil, presidente de la FEU, también católico, muerto el 13 de marzo de 1957, día en que un grupo de la oposición, casi todo compuesto por estudiantes, trató de matar a Batista.

Fue en *Trinchera*, en esa trinchera de ideas, donde Müller publicó sus primeros trabajos periodísticos. No los recuerdo y no los tengo a mano, pero seguramente eran textos inflamados de coraje y patriotismo, más cerca de la arenga que del análisis sereno, como demandaba la áspera época que nos tocó vivir, casi en el momento en que abandonábamos la adolescencia. En todo caso, aquellos papeles pasaban de mano en mano convocando a la resistencia y advirtiendo la peligrosidad del camino tomado por Castro.

Pero llegó un día en que se hizo evidente que había que pasar de las trincheras de ideas a las de piedra. Müller y Salvat, valientemente, dieron el paso. Fundaron el Directorio Revolucionario Estudiantil, nombre con el que ya expresaban el tipo de combate al que se enfrentaban. Era obvio que no existía otro modo de defender la democracia que la lucha armada. Fidel Castro había demolido todos los cauces de participación política convirtiendo cualquier crítica a él o a su gobierno en actos de traición a la patria.

Este no es el lugar para reseñar lo ocurrido a partir de ese momento, pero en 1961 Müller fue detenido en las estribaciones de la Sierra Maestra junto a un grupo de jóvenes alzados en armas a los que dirigía y, tras salvar milagrosamente la vida, pasó quince años en las peores prisiones de Cuba, calvario conocido por otros millares de demócratas, casi todos estudiantes y campesinos, que corrieron la misma suerte. Cuando Müller entró en la cárcel era un joven de poco más de veinte años. Cuando consiguió emigrar era un hombre que se acercaba a los cuarenta. Le había dado a Cuba los mejores años de su vida. Los años, precisamente, de formación.

Afortunadamente, el tiempo robado por la cárcel no lo destruyó. Una vez en el exilio volvió a las aulas universitarias, y, sobre todo, volvió al periodismo de sus años juveniles. Primero en Venezuela, donde vivió cierto tiempo, y luego en Miami, hace ya varias décadas, lo que le ha permitido mantener desde hace veinte años una popular columna en *Diario las Américas,* en cuyas páginas de opinión –unas de las mejores secciones de ese tipo del periodismo hispano en Estados Unidos– tengo el privilegio de poder leerlo todas las semanas.

¿Cómo es esa columna? Es como él soñaba en su juventud cuando probablemente tenía más ímpetu que prosa, época de fuego en que nos estaba vedada la serenidad. La columna de Müller, hoy y desde que comenzó a escribirla en Miami, es una verdadera trinchera de ideas, de análisis, de juicios inteligentes. La dedica, casi siempre, a problemas de actualidad, y casi siempre logra transmitirles a los lectores puntos de vista novedosos, muy bien formulados y llenos de sensatez. Por eso se ha convertido en maestro de periodistas. Tiene, realmente, mucho que enseñar. Todo eso lo habrán comprobado en las páginas de este libro.

**OBRAS PUBLICADAS DE ALBERTO MULLER
en Ediciones Universal:**

MONÓLOGO CON YOLANDA (novela sobre las sombras de una isla), Colección Caniquí / 0-89729-782-2

EL PROYECTO VARELA. Václav Havel propone a Oswaldo Payá para el Premio Nobel de la Paz,
   Colección Cuba y sus Jueces // 0-89729-998-1

RETOS DEL PERIODISMO. Cuba y Exilio. Memorias 1959-2008,
   Fidel, sí se tortura en Cuba / Admiracion por el Che / Origen Ideológico de la Revolución Cubana / La ética y los despidos del Herald / Martí: una vida sin acabamiento. Al cumplir 20 años como columnista del Diario Las Américas (1988-2008).
   Colección Cuba y sus Jueces / ISBN-13: 978-1-59388-135-1

TODOS HERIDOS POR EL NORTE Y POR EL SUR,
   (Segunda edición, revisada y ampliada, 2020) Colección Caniquí - 978-1-59388-315-7

MENSAJERO DE LA PAZ Y LA ESPERANZA.
   Textos de la visita de Su Santidad Juan Pablo II a Cuba. Edición de Juan Manuel Salvat, con Prólogo de Alberto Muller / 978-0-89729-867-4

¡POBRE CUBA! (frase de Jorge Luis Borges al autor) MIS MEMORIAS,
   Colección Félix Varela # 63 / 978-1-59388-319-5 /

¿POR QUÉ FIDEL ABANDONÓ AL CHE? «Guevara: Valgo más vivo que muerto»,
   (coedición con Editorial Betania de Madrid.) // 978-1-59388-328-7

www.ingramcontent.com/pod-product-compliance
Ingram Content Group UK Ltd.
Pitfield, Milton Keynes, MK11 3LW, UK
UKHW041952230426
12048UKWH00008B/291